Acordos Administrativos

Acordos Administrativos

UMA LEITURA A PARTIR DO ART. 26 DA LINDB

2021

Gabriel Machado

ALMEDINA

ACORDOS ADMINISTRATIVOS
UMA LEITURA A PARTIR DO ART. 26 DA LINDB

Autor: Gabriel Machado

Diretor Almedina Brasil: Rodrigo Mentz
Editora Jurídica: Manuella Santos de Castro
Editor de Desenvolvimento: Aurélio Cesar Nogueira
Assistentes Editoriais: Isabela Leite e Larissa Nogueira

Diagramação: Almedina
Design de Capa: Roberta Bassanetto

ISBN: 9786556272269
Junho, 2021

Dados Internacionais de Catalogação na Publicação (CIP)
(Câmara Brasileira do Livro, SP, Brasil)

Machado, Gabriel
Acordos administrativos: uma leitura a partir
do art. 26 da LINDB / Gabriel Machado. – 1. ed.
São Paulo: Almedina, 2021.

Bibliografia
ISBN 978-65-5627-226-9

1. Atos administrativos 2. Consensualidade – Acordos administrativos
3. Contratos administrativos – Normas – Brasil
4. Direito administrativo 5. Direito administrativo – Brasil I. Título.

21-60047 CDD-35(81)

Índices para catálogo sistemático:

1. Brasil: Direito administrativo 35(81)

Maria Alice Ferreira – Bibliotecária – CRB-8/7964

Este livro segue as regras do novo Acordo Ortográfico da Língua Portuguesa (1990).

Editora: Almedina Brasil
Rua José Maria Lisboa, 860, Conj. 131 e 132, Jardim Paulista | 01423-001 São Paulo | Brasil
editora@almedina.com.br
www.almedina.com.br

Dedico este livro ao meu maior amor: minha filha, Alice Auler Machado.

"Um anjo do céu
Que trouxe pra mim
É a mais bonita
A joia perfeita
Que é pra eu cuidar
Que é pra eu amar
Gota cristalina
Tem toda inocência".

(Maskavo)

SUMÁRIO

INTRODUÇÃO

No desenho do Estado brasileiro posterior à implantação do Plano Diretor de Reforma do Aparelho de Estado na década de 90, aproveitou-se experiências do passado para produzir novas soluções vocacionadas à superação de sérios problemas relacionados ao gerenciamento público-administrativo. A desburocratização e a descentralização da atividade do Estado tornaram-se a pauta central das ações, sem induzir o enfraquecimento do seu núcleo estratégico. Neste contexto, uma massa ainda maior de decisões passou a ser tomada por agentes públicos, a exemplo do que ocorre no âmbito das agências reguladoras, da fiscalização de receitas tributárias (federais, estaduais e municipais), do licenciamento, dentre outros variados segmentos onde o Estado se faz presente e competente para prover, fiscalizar e adjudicar.

Pela atuação administrativa típica, a despeito do novo arranjo gerencial, a imperatividade da Administração manteve-se como mecanismo de indiscutível utilidade à ordem pública, a traduzir, pelo seu *enforcement*, uma relação ainda verticalizada[1]. Mas, a partir da consideração de que o trabalho decisório imperativo dos agentes já se demonstrara ineficiente,

[1] "É certo que a coerção é imprescindível para a existência das sociedades humanas mas também é certo de que não é suficiente para que elas progridam livremente, de modo a permitir o pleno desenvolvimento das potencialidades individuais". (MOREIRA NETO, Diogo de Figueiredo. **Novos Institutos Consensuais da Ação Administrativa**. Revista de Direito Administrativo – RDA. p. 132. Disponível em: http://bibliotecadigital.fgv.br/ojs/index.php/rda/article/view/45823/45108. Acesso em 27/04/2019)

lento, abusivo, injusto, ou todos em conjunto, densificou-se a necessidade de um curso operacional mais permeável a alternativas, donde se pudesse extrair uma participação efetiva dos administrados em favor de uma democracia mais substancial.

Assim é que, sob os gargalos da prática e sob as luzes da doutrina, foi possível divisar que a soma de esforços, conjugada com a atenuação dos cânones de supremacia do interesse público e da unilateralidade dos atos administrativo, poderia fornecer, em alguns casos, incentivos adequados para a promoção de um estado de coisas superior do ponto de vista global. A premissa básica deste flanco de ideias, que se convencionou chamar de consensualidade — conquanto também marcada por certa assimetria de fundo entre o poder público e o particular —, não é o de cogitar negociar o interesse público, mas de negociar os modos de atingi-lo com maior eficiência, segundo a premissa de que coexiste, com o interesse público deduzido no conflito, o interesse público, não menos relevante, de compô-lo[2].

Definida como uma técnica de gestão administrativa, por meio da qual acordos entre a administração pública e o administrado são firmados com o fito de negociação do exercício do poder de autoridade estatal[3], a consensualidade, a partir da virada do século XX, invadiu diversos regulamentos expedidos pela Administração descentralizada nacional, nomeadamente pelas agências reguladoras, sem prejuízo da dispersa e há muito existente prerrogativa de celebração de compromissos de ajustamento de conduta prescrita no bojo da Lei da Ação Civil Pública (art. 5º, § 6º) e na Lei da Política Nacional do Meio Ambiente (Lei n. 6.938, de 31 de agosto de 1981).

No entanto, mesmo com todos os avanços normativos experimentados, o terreno continuou, à mingua de um comando geral autorizador, instável sob a perspectiva da consensualidade. De um lado, o *accountability* exercido sobre os agentes públicos era suficiente para tolher a sua coragem e comprometimento com medidas mais ousadas — e acordos são quase sempre ousados já que afligem, ainda que potencialmente, um programa

[2] MOREIRA NETO, Diogo de Figueiredo. **Mutações do Direito Público**. Rio de Janeiro: Renovar. 2006. p. 77 e 346)

[3] PALMA, Juliana Bonacorsi de. **Sanção e Acordo na Administração pública**. São Paulo: Malheiros. 2015. p. 112.

legal existente —, a ponto de se instaurar um mantra de que o agente público que nega é aquele que dorme em paz[4]. De outro, o agente privado também encontrava fortes incentivos para não investir tempo e dinheiro numa transação que poderia ser barrada a *posteriori* pelos órgãos de controle ou pelo Judiciário, com a geração, inclusive, de outras externalidades negativas, como aquelas ínsitas à responsabilização administrativa por improbidade ou até criminal, ancorada em eventual interpretação de tentativa de burla ao programa condicional da legislação de regência.

Como, então, superar tamanha incerteza, de modo a assumir a consensualidade como legítima alternativa na caixa de ferramentas da Administração? Focado nesta questão, sem prejuízo da necessidade de dirimir outros importantes fatores de distorção da atividade jurídico-decisória pública, em favor da elevação dos níveis de segurança jurídica e de eficiência na criação e aplicação do direito público — *num combate à idealização de completude e determinação do direito e à idealização dos fatos aos quais o administrador encontrava-se submetido ao tempo de sua ação*[5] —, foi que o Estado brasileiro editou a Lei nº 13.655/2018. Em seu texto, encontram-se substanciais acréscimos à Lei de Introdução às Normas do Direito Brasileiro (Decreto-Lei nº 4.657/42) que a publicizam ainda mais por meio de um feixe de novas normas poucas e concisas que possui "*tudo a ver com uma visão mais atual e pragmática do direito público*"[6].

Dentre os 10 novos artigos editados, inclui-se o art. 26 que cria um novo regime jurídico geral em prol da realização de acordos entre particulares e Administração, em consonância com a moderna literatura sociopolítica

[4] Autores apontam para a existência de um "direito administrativo do inimigo" e pela conseguinte "desistência de decidir". Por todos, confira-se: GUIMARÃES, Fernando Vernalha. **O Direito Administrativo do Medo: a crise da ineficiência pelo controle**. Direito do Estado, seção Colunistas, n. 71, 2016. Disponível em: http://www.direitodoestado.com.br/colunistas/fernando-vernalha-guimaraes/o-direito-administrativo-do-medo-a-crise-da--ineficiencia-pelo-controle. Acesso em: 01/05/2019.

[5] JORDÃO, Eduardo. Art. 22 da LINDB – **Acabou o romance: reforço do pragmatismo no direito público brasileiro.** *In*: Rev. Direito Administrativo, Rio de Janeiro, Edição Especial: Direito Público na Lei de Introdução às Normas de Direito Brasileiro – LINDB, nov. 2018. p. 63-92

[6] SUNDFELD, Carlos Ari. **Uma lei geral inovadora para o Direito Público. Entra na reta final o projeto para modernizar a Lei de Introdução às Normas do Direito Brasileiro.** Jota. Out. 2017. Disponível em: https://www.jota.info/colunas/controle-publico/uma-lei-geral--inovadora-para-o-direitopublico-01112017. Acesso em: 19/01/2019).

que sobreleva o papel do *consenso* na construção de sociedades livres, em substituição aos sistemas fundamentalmente ancorados no *comando*.

Entretanto, não se pode assumir que a partir do texto do art. 26 tenha ocorrido automaticamente um incremento racional decisório, de jaez alternativo, capaz de promover, ainda que presumivelmente, resultados controlados e superiores segundo a égide da eficiência administrativa prescrita no art. 37 da Constituição. Desconfiar é preciso, afinal, como adverte N. Komesar, uma "[...]*escolha institucional é tão difícil como essencial. A escolha é sempre uma escolha entre alternativas altamente imperfeitas. Os pontos fortes e fracos de uma instituição versus outra variam de um conjunto de circunstâncias para outro*"[7].

Por ser muito insipiente, os resultados práticos decorrentes da aplicação do aludido dispositivo, no âmbito da Administração Pública, ainda não podem ser sequer medidos. Para além disto, em meio à tal escassez de dados empíricos, sobram as experiências havidas nos microssistemas regulados das Agências Reguladoras, onde os acordos administrativos já haviam sido positivados a partir das leis-quadro, mas que, em verdade, gozam de utilidade apenas marginal para efeitos deste estudo. Isto porque, para além das idiossincrasias de cada agência, as alterações estruturais da LINDB sobejam a positivação dos acordos em si, perpassando pela alteração do manejo ao recurso a valores abstratos como sustentáculo decisório (art. 20) até a caracterização da responsabilidade do administrador público (art. 28) que se aventura a lançar mão do expediente dos acordos. O cenário é, em boa medida, novo, sob as luzes da normatização.

A dita aridez, no entanto, não nos inibe de tentar dirimir, a partir do texto da regra, sem prejuízo da dogmática jurídica, como operacionalizar o art. 26 da LINDB de maneira legal e segura. Na espécie, temos que este dispositivo, alinhado aos seus pares que compõem o pacote da Lei 13.655/2018, deve ser acompanhado, para efeitos de edificação de um programa racional decisório com propensão para incrementar o atual estado das coisas, (i) de procedimentos operacionais específicos que culminem em (ii) decisões colegiadas. Estes aspectos seriam, ao nosso

[7] *"Institutional choice is difficult as well as essential. The choice is always a choice among highly imperfect alternatives. The strengths and weaknesses of one institution versus another vary from one set of circumstances to another."* KOMESAR, Neil K. **Imperfect Alternatives: Choosing Institutions in Law, Economics, and Public Policy**. Chicago: The University of Chicago Press, 1994. p. 5.

ver, indicativos mínimos da capacidade institucional do órgão, entidade ou mesmo agência que pretenda manejar o interesse público por meio de acordos administrativos.

Há receios de que, na prática, pela conjugação da letra aberta do art. 26 (e de alguns dos seus pares da LINDB) com a indefinição das bases de um procedimento formal interno dirigido à celebração de acordos, tanto os administradores probos continuem a ter receio da alternativa porque constritos a padrões ainda vagos de controle, causadores de incerteza, como o de que os administradores ímprobos, sob as luzes opacas destes exatos padrões vagos, vejam na falta de critérios estáveis de interpretação da LINDB um incentivo para empreender novas práticas atentatórias ao interesse público, na esperança de saírem impunes ao final.

No limite, o temor é pela instauração, a partir da segunda via pautada acima (isto é, do uso abusivo), do requentado formato de *crony capitalism* nos pulverizados núcleos decisórios da Administração por meio de acordos. Corre-se o risco, não desinfluente, da criação de um exército disperso de agentes públicos fortalecidos que respondem a *agentes privados definidos* de acordo com uma particular concepção dos programas que administram, despreocupados, inclusive, com a coerência interna ou suportes empíricos dos acordos que firmam em (des)favor da Administração, sem que a verificação deste curso obscuro de ação seja perceptível ou passível de evidenciação.

Imaginar que, sem a existência de maiores parâmetros procedimentais pré-definidos e ordenados, os agentes públicos — independente do órgão, entidade ou agência a que servem — possuem uma linear aptidão para gerenciar, motivar e coordenar resultados superiores por meio de acordos (que, repita-se, presumem um descompasso efetivo ou potencial com o programa inicial e formalmente delimitado), sob as lentes do art. 26 da LINDB, em um ambiente administrativo vasto e plural, politicamente permeado e com distintas restrições orçamentárias, constitui-se uma visão muito otimista, a merecer, ao nosso sentir, melhor tratamento.

O discurso batido sobre organizações simples e corte de procedimentos burocráticos excessivos lança muito pouca luz sobre os contornos que uma operacionalização útil e efetiva do art. 26 da LINDB poderia assumir. É preciso superar a ausência de compreensão de que o processo é o produto. Implantar e observar regras procedimentais altera *o que* está sendo feito e não apenas *como* se faz. A qualidade e legitimidade dos acordos devem ser, portanto, avaliadas por meio dos seus insumos — iniciativa, caminhos de investigação, requerimentos de justificativas, controle de qualidade, apuração dos custos e benefícios, bem como efeitos sobre terceiros —, muito mais do que pelos seus produtos. A identificação e acatamento de procedimento que preveja estas rotinas tem potencial para aumentar a racionalidade decisória e facilitar o monitoramento das ações de todos os envolvidos, dificultando que o julgamento final — a ser conduzido por um colegiado, é dizer, outro inibidor de disparidades — possa falsear os reais motivos que subjazem a decisão por transacionar[8].

Tudo isto, se bem observado, revigora por derivação o uso da necessária ferramenta de consensualidade, na forma de acordo administrativos. Presta-se a proteger tanto os administradores quanto os agentes privados que poderão prosperar por meio de posturas procedimentais previamente circunscritas, suficientes o bastante para trazer a mínima estabilidade esperada pelos interessados, bem como a gestão de defesa do administrador de boa-fé, hoje "assombrado pelo controlador"[9]. A ideia é a de, pelo processo, enfrentar os reais problemas do funcionalismo público do Brasil, estimulando a tomada de escolhas inovadoras e difíceis, em cenários de risco e incerteza, ainda que disto possam decorrer alguns erros.

Por fim, deixamos claro que não teremos a pretensão de entregar um modelo fechado, indene a particularismos e violações pelos administradores ou agentes privados, na medida em que, conquanto almejado, padece de operacionalidade no mundo real. Da mesma maneira, a ideia não é descrever um modelo infenso à não-deferência, mas ao menos vigoroso o bastante para demandar uma intervenção do controlador qualificada, menos permeável a ataques de fiscais que insistem em enxergar o passado com lentes rosas. Com isso, aliás, conquanto reflexamente, promove-se

[8] Richard Posner, em artigo seminal sobre a criação de um ambiente legal propício ao desenvolvimento econômico, observou, com aplicação passível de ser enquadrada *mutatis mutandis* para os acordos administrativos, que "*rules facilitate monitoring of the judges and so reduce the likelihood of bribery and the influence of politics in the judicial process. The less discretion a judge has in making decisions, the easier it will be to determine whether a case has been decided contrary to law or whether there is a pattern of favoring one class or group of litigants over another*". (POSNER, Richard. **Creating a Legal Framework for Economic Development**. Washington DC: World Bank. 1998. p. 5)

[9] SUNDFELD, Carlos Ari. **Direito Administrativo para céticos**. 2ª ed. São Paulo: Malheiros, 2014. p. 91.

a possibilidade de alocar poderes decisórios para as instituições mais adaptadas a tomar uma dada decisão, tendo em vista a sua natureza.

Os expedientes acima pontuados (processo e decisão colegiada) são, em verdade, apenas *indicativos* da capacidade do órgão e de aperfeiçoamento da legitimidade do acordo, forte na premissa de que a maximização operada em prol do ótimo não resiste, em verdade, aos seus custos[10]. A sugestão é por uma manobra que autorize uma aplicação efetivamente competente dos acordos à luz da legislação que os regem.

De posse destas noções introdutórias que revelam o teor descritivo deste estudo, pela identificação de problemas reais, bem assim dogmático-propositivo, pela identificação de elementos legais que conformam a trajetória a ser observada concretamente atrelado a sugestões de novos expedientes normativos, importa promover, neste passo, dois cortes metodológicos. São eles: (i) o estudo, a ser realizado a partir do artigo 26 da LINDB, focará nos acordos celebrados entre agentes públicos e privados, vocacionados a inibir ou substituir uma penalidade administrativa, aliviando irregularidades (ainda que apenas visualizadas em potencial) e condições de incerteza que permeiam determinada ação ou atividade; e (ii) seus contornos não serão endereçados ao enfrentamento da atividade consensual promovida por Agências Reguladoras que predisponham, no bojo de sua agenda normativa-regulatória, de regramentos condicionantes da dita ação consensual, o que não exclui a possibilidade destas de eventualmente lançarem mão dos achados desta pesquisa. As razões, respectivamente, são as seguintes: (i) nos lindes um tanto estreitos deste estudo, contemplar toda uma miríade de possibilidades capaz de ser enquadrada sob a rubrica "acordos" exigiria esforço incompatível com seus fins (*i.e.* avaliar acordos que orbitam sobre responsabilidades criminais ou acordos entre Entes Públicos); e (ii) pressupomos, *a priori*,

[10] Este objetivo é, para além de irrealizável, inconveniente mesmo a partir de uma perspectiva teórica, voltada para a maximização do bem-estar social. Após um determinado patamar, a eliminação do abuso de poder ou mesmo de meros erros que desafiam a segurança jurídica é injustificável num cálculo de custos e benefícios. Em termos mais objetivos, o nível, digamos, ótimo de abuso de poder no seio de uma sociedade será sempre superior a zero, devendo se considerar, pois, que o desenho de diversas instituições não pode deixar de partir, ainda que implicitamente, deste pressuposto. (VERMEULE, Adrian. **Optimal abuse of power**. Harvard Public Law Working Paper no. 14-14. 2014. Disponível em: https://papers.ssrn.com/sol3/papers.cfm?abstract_id=2425287. Acesso em: 10/04/2019)

a necessidade de deferência à regulação, o que não a torna, vale o registro, infensa a críticas.

Adiante, a estrutura do livro. No capítulo 1, desenvolveremos as ideias fundantes (giro constitucional e o giro pragmático) da operacionalização da atividade decisória administrativa por meio do consenso. Serão também abordados os distintos formatos de ação consensual da Administração, bem como a classificação dos acordos administrativos segundo os seus sentidos. No capítulo 2, direcionaremos o foco das atenções para princípios e conceitos jurídicos indeterminados que usualmente são utilizados para sustentar as vantagens de uma ação concertada, mas que, ao revés, podem representar sérias contraposições a este formato de agir, a ponto de os considerar como sérias conjunturas de tensão em desfavor do consenso. Ao passar para o capítulo 3, onde efetuaremos uma decomposição do art. 26 da LINDB, a ideia é tentar decifrar a abrangência, sentidos jurídicos e operacionabilidade do dispositivo. No capítulo 4, que mais se predispõe a oferecer uma ferramenta de contenção do que de conserto da margem de conformação do agir do agente público ancorado no artigo 26 da LINDB, exporemos a utilidade, na linha da racionalidade por meio do condicionamento da atividade do administrador, que um processo objetivo, moldado sobre estacas legais que dão completude ao próprio art. 26 da LINDB, pode oferecer, inclusive para aliviar as tensões em vista. A tônica desse último capítulo perpassa pela explicitação da necessidade de fragmentação objetiva dos passos e caminhos anteriores à consecução do acordo pela Administração, a ponto de se lançar mais um foco de luz sobre a afetação e controle, em cada caso, da presença da autoridade da razão, em detrimento da razão da autoridade.

Como não poderia deixar de ser, em tom de *disclosure*, há o reconhecimento de que o programa condicional proposto neste estudo, muito embora em grande parte calcado em *lege lata*, importa em custos que apenas supõe-se — *ante os sucessivos rombos aos cofres do Erário Público transmitidos em bases quase diárias pelos telejornais e às não menos sucessivas e inadequadas intromissões de controladores sobre a atividade administrativa a ponto de inibir a inovação* — deter *payoff* superior à alternativa de não se procedimentalizar internamente, de maneira objetiva, as escolhas administrativas na forma de acordos com particulares. Dito diversamente, inferimos que o risco associado aos acordos administrativos justifica os custos de contenção deflagrados pela constituição e emprego de um procedimento determinístico, interno à cada Órgão, que opte por transacionar com o interesse público[11]. Entretanto, como se trata de mera presunção, estudos empíricos seriam, com o amadurecimento do recurso aos acordos fundados na LINDB, de valia para a constatação factual da qualidade deste pensamento, o que, por si, não reduz a relevância do estudo aqui desenvolvido[12].

[11] Diz Posner que "A procedure is 'fair' if it reasonably balances the risk of error against the cost of reducing error" (POSNER, Richard A. **Law, pragmatism and democracy**. Cambridge: Harvard university Press, second printing, 2003, p. 67)

[12] "A preocupação *(com a pesquisa empírica)* pode, ainda, fetichizar-se, ao ponto em que só se considere relevante o texto baseado em algum tipo de pesquisa empírica – o que é um óbvio equívoco reducionista" (MENDONÇA, José Vicente Santos. **A verdadeira mudança de paradigmas do Direito Administrativo brasileiro: do estilo tradicional ao novo estilo**. Revista de Direito Administrativo, Belo Horizonte, ano 2014, n. 265, jan./abr. 2014. p. 196. Disponível em: http://bibliotecadigital.fgv.br/ojs/index.php/rda/article/view/18916 Acesso em: 10/05/2019)

1.
Consensualidade Administrativa: da Reforma do Estado Brasileiro à LINDB

1.1. A Reforma do Estado

Até a década de 80, o Brasil seguiu modelo de forte intervenção estatal direta, quer na atuação nas atividades econômicas em sentido estrito, quer na prestação de serviços públicos. Mas com o fim do governo militar e o advento da nova Carta Constitucional de 1988, no ensejo do clamor popular pela melhoria das condições de vida da população que atravessara uma década denominada de "perdida", houve um contínuo processo de mutação das estruturas estatais, nomeadamente da organização administrativa do Brasil. A crise financeira do estado, descontentamentos da sociedade com a atuação do setor público e a busca de eficiência dos órgãos estatais forçaram as engrenagens das mudanças que se sucederam no Direito Administrativo Brasileiro, sem prejuízo da inspiração importada do "velho mundo" de fragmentação da Administração central, contração do setor público, inserção de noções aplicadas no setor privado.

Do Estado nacional se cobrava movimentar-se em variadas direções para atender aos anseios de uma sociedade cada dia mais complexa, no que coube ao Direito Administrativo o desafio de se equilibrar para eficientemente conduzi-lo neste desiderato. Internamente, prova de que, de fato, teve curso uma programada transformação foi a criação, em 1995, o Ministério da Administração Federal e da Reforma do Estado que, a seu turno, elaborou um Plano Diretor da Reforma do Estado, em parte aplicado na Emenda Constitucional 19/1998, conhecida como a emenda da reforma administrativa.

As profundas transformações na configuração da Administração Pública ambicionavam e, por vezes, beneficiavam a construção de um modelo de gestão pública predisposto a ser um considerável instrumento de eficiência em favor da entrega de melhores resultados aos cidadãos, por meio da racionalização e da descentralização das atividades desenvolvidas no âmbito da Administração. O foco passou a ser compelir o Estado a adotar, ponderadamente, práticas de gestão ditas modernas e eficazes, sem unicamente priorizar o aspecto econômico, nem, tampouco, perder de vista sua função voltada ao interesse público, preocupado com o bem-estar de cada cidadão.

Novas competências e estratégias para o exercício das escolhas administrativas são geradas na perseguição deste auspicioso desiderato. Em particular, o processo decisório sobre o conteúdo de políticas públicas passa a ser caracterizado pela: autonomia decisória, institucionalização de órgãos colegiados que deliberam sobre a formação do conteúdo normativo, ausência ou limitação dos mecanismos institucionalizados de *accountability* horizontal ao Poder Legislativo, institucionalização de canais de participação pública de setores da sociedade civil no processo decisório e dissolução de mecanismos institucionalizados de organização dos interesses de grupos predeterminados no interior da burocracia estatal[13].

Contudo, para que todo este feixe de complexas transformações, construídas e reproduzidas em momentos históricos distintos pelo mundo afora, pudesse ocorrer no Brasil, se sucedeu uma inflexão teórica dos paradigmas que alavancavam a atividade administrativa. Na lição do administrativista Gustavo Binenbojm[14], foram quatro os paradigmas revisitados, quais sejam: i) o dito princípio da supremacia do interesse público, lido como fundamento e fator de legitimação para todo o conjunto de privilégios de

[13] MATTOS, Paulo Todescan Lessa. **O Novo Estado Regulador no Brasil. Eficiência e Legitimidade**. São Paulo: Revista dos Tribunais, 2ª edição (revista, atualizada e ampliada), 2017. p. 145

[14] BINENBJOM, Gustavo. **Um Novo Direito Administrativo para o Século XXI**. *In*: Temas de Direito Administrativo e Constitucional. BINENBJOM, Gustavo. Rio de Janeiro: Renovar, 2008. pp. 3-38. p. 5-6.

natureza material e processual que constituem o cerne do regime jurídico-administrativo; ii) a legalidade administrativa como vinculação positiva à lei, compreendida no sentido de uma subsunção mecanicista, em que a hipótese de fato e a consequência jurídica encontravam-se fixadas na lei e, assim, exauriam a margem de conformação do agente àquele molde, transformando a Administração em mera executora da lei; iii) a intangibilidade do mérito do ato administrativo, consistente na incontrolabilidade das escolhas discricionárias da Administração Pública[15]; e iv) a ideia de um Poder Executivo Unitário, fundada em relações de subordinação hierárquica (formal ou política) entre a burocracia e os órgãos de cúpula do governo, a exemplo dos Ministérios e da Presidência da República.

Na tarefa de desconstrução destes paradigmas e, por derivação, de proposição de novos, correlacionados à um direito administrativo em pleno desenvolvimento, a Teoria do Estado de Direito, como sugere Jacques Chevallier, serviu de apoio sólido. Segundo o autor, ela favoreceu o alargamento do controle do decisor administrativo sobre os atos administrativos, pelo viés de um recurso ao excesso de poder. Da mesma maneira, ela justifica também o desenvolvimento da responsabilidade de uma administração, obrigada a responder por seus atos. E, mais profundamente, ela provoca uma verdadeira refundação de um direito administrativo "*concebido não mais como um privilégio para a Administração, mas como um meio de reforçar as garantias ofertadas aos administrados: o critério de 'poder' será logicamente trocado pelo de 'serviço', que traduz melhor a sujeição da Administração ao Direito*"[16].

[15] Neste entender, pertinente é o recurso à metáfora relembrada por Andreas Joachim Krell (a partir de uma expressão de autoria do suíço Hans HUBER, em ensaio de 1953), para quem: "[...] a expressão plástica de que a discricionariedade administrativa representaria no Estado de Direito um verdadeiro 'Cavalo de Tróia', [...], onde os conceitos da *discricionariedade* e do *mérito*, [...], servem para encobrir arbitrariedades, nepotismo e a "falta de vontade" (causada por múltiplas razões que não cabe analisar aqui) de muitos juízes em analisar ou anular os atos e medidas da Administração Pública. No entanto, na maioria dos países da Europa Ocidental, como vimos, o referido Cavalo já foi 'queimado' há muito tempo". (KRELL, Andreas Joachim. **A Recepção das Teorias Alemãs sobre "Conceitos Jurídicos Indeterminados" e o Controle da Discricionariedade no Brasil.** Interesse Público – IP. Editora Fórum. Belo Horizonte, ano 6, n. 23, jan. / fev. 2004)

[16] CHEVALLIER, Jacques. **O Estado de Direito.** Belo Horizonte: Fórum, 2013. p. 29.

Seguindo uma terminologia diferente (e mais precisa, se considerada sua compatibilização com as nuances verificadas no Brasil) — mas com conteúdo similar — Binenbojm identifica a existência de "dois eixos fundamentais de transformação" no direito administrativo brasileiro. O primeiro é o que ele chamou de "*giro democrático-constitucional*", ou, em breves palavras, a influência de conceitos constitucionais na releitura de institutos do Direito Administrativo, como supremacia do interesse público sobre os particulares, indisponibilidade do interesse público, legalidade estrita e unicidade do regime jurídico-administrativo. Já o segundo eixo é o que ele denominou de "*giro pragmático*". Em resumo, este representa a influência da ideia de soluções eficientes para problemas práticos. Exemplo, diz o autor, é a análise econômica do Direito Administrativo ou a busca por soluções consensuais entre atores privados, até em âmbito internacional[17].

É preciso, no entanto, analisar *cum grano salis* estes dois direcionamentos metodológicos, tratados teoricamente como divisas das transformações que se sucedem na administração pública nacional, de modo que eles próprios não sejam colocados em xeque e, assim, reste comprometida a própria evolução futura do direito administrativo que sobre eles alegadamente se edifica.

1.2. O Giro Constitucional

Segundo Binenbojm, é a tessitura constitucional[18], com ares de arrendatária de um papel condutor determinante, quem funciona como diretriz normativa legitimadora das novas categorias de direito administrativo. A premissa básica a ser assumida é a de que as feições jurídicas da Administração Pública estão alicerçadas na própria estrutura da Constituição, entendida em sua dimensão material de estatuto básico do sistema de direitos fundamentais da democracia. Eis aí o cerne do primeiro

[17] BINENBJOM, Gustavo. **Poder de Polícia, Ordenação, Regulação.** Transformações político-jurídicas, econômicas e institucionais do direito administrativo ordenador. Belo Horizonte: Fórum, 2017.

[18] BINENBJOM, Gustavo. **A Constitucionalização do Direito Administrativo no Brasil: Um Inventário de Avanços e Retrocessos.** *In*: Temas de Direito Administrativo e Constitucional. BINENBJOM, Gustavo. Rio de Janeiro: Renovar, 2008. p. 39-60. p. 45.

giro transformador do direito administrativo, não à toa denominado o giro constitucional.

Considera o autor que, a partir da Constituição brasileira de 1988, passou-se a ter um conjunto sistemático de princípios e regras que representa o cerne da *vinculação* da Administração Pública à *juridicidade*, compreendida como a subordinação à Constituição e à lei, nesta ordem. Assim, a lei deixaria de ser o fundamento único da atuação do Estado-Administração para tornar-se apenas um dos princípios do sistema de juridicidade capitaneado pela Lei Maior. Para este mesmo autor, fundamentando-se juridicamente a atividade administrativa direta e primariamente na Constituição, não há como negar à Administração Pública a condição de intérprete e executora da Lei Maior. E, se assim ocorre, corolários de tal condição seriam a possibilidade de deixar de aplicar leis incompatíveis com a Constituição Federal, sob pena de menoscabo à supremacia constitucional e, numa outra ponta, a conferência de maiores meios de controle dos atos praticados pela administração pública[19].

O convite, ao administrador público, embutido na juridicidade não é, ao menos *a priori*, uma ausência de deferência à legislação infralegal. O agir administrativo, segundo Binenbojm afirma, continua se perfazendo segundo a lei, ao que atribui a alcunha de atividade *secundum legem*. Mas uma premissa se levanta a este respeito: a de que a lei deve ser editada em termos formal e materialmente compatíveis com a Constituição, o que, em última análise, deve ser objeto de aquilatação pelo próprio administrador. Há, ademais, casos outros em que as competências se encontram enfeixadas diretamente na Constituição, ao que se denomina atividade *praeter legem* (possível quando não há reserva de lei). Existem, ainda, segundo o

[19] Anota Binenbjom, a pretexto do controle da atividade administrativa, que "ao invés de uma dicotomia em moldes tradicionais (ato vinculado v. ato discricionário), já superada, passa-se a uma classificação em graus de vinculação à *juridicidade*, em uma *escalada decrescente* de densidade normativa vinculativa: "a) atos vinculados por regras (constitucionais, legais ou regulamentares); b) atos vinculados por conceitos jurídicos indeterminados (constitucionais, legais ou regulamentares); c) atos vinculados diretamente por princípios (constitucionais, legais ou regulamentares). (BINENBOJM, Gustavo. **Uma teoria do direito administrativo: Direitos Fundamentais, Democracia e Constitucionalização.** 3ª ed. Rio de Janeiro: Renovar, 2014. p. 221-222)

autor afirma, situações de atos praticados em contravenção à lei (*contra legem*), mas fundados numa "otimizada aplicação da Constituição"[20].

Logo, fundamentando-se juridicamente a atividade administrativa direta e primariamente na Constituição, não haveria como negar à Administração Pública a condição de intérprete e executora da Lei Maior. E, se assim se sucede, corolário lógico de tal condição seria, conforme sobredito, a abertura de uma via técnica para o administrador público deixar de aplicar leis (que se supõe serem) incompatíveis com a Constituição Federal, sob pena de violar a supremacia constitucional.

Em termos operacionais, esta ideia de que o Direito do Estado Constitucional — formado, também e sobretudo, por princípios — não se aguentaria na aproximação rígida e pouco dúctil típica do método juspositivista foi o passaporte para essa supervalirazação da Constituição, seguida por uma grande aceitação e aplicação pelos tribunais nacionais. A crença de um Direito por princípios, ao mesmo tempo invasivos e flexíveis, teria, portanto, a necessidade de uma metodologia interpretativa-aplicativa não tanto severamente dedutiva, tal como a subsunção rotulada como própria do juspositivismo que, a seu turno, finalizaria por não atender as existências de justiça (substancial e não meramente formal) que a realidade prática do Direito levaria em si mesmo[21].

A alavanca da supervalorização dos princípios constitucionais, ao que se sucedeu o ocaso do método juspositivista no âmbito dos tribunais, entretanto, se não sucumbe, ao menos cambaleia, frente a determinadas sabatinas. Ainda que se admita plausível, ao menos como ideologia, a argumentação do movimento neoconstitucionalista, não menos plausível é que a metodologia juspositivista se apresente como ferramenta irrenunciável para o desenvolvimento das doutrinas de limitação jurídica do poder. Neste compasso de ideias, Susanna Pozzolo[22] faz crer que o suporte neoconstitucionalista — enquanto uma teoria dos limites ao poder — opera um mal negócio ao sacrificar o método positivo no altar

[20] BINENBJOM, Gustavo. **Poder de Polícia, Ordenação, Regulação.** Transformações político-jurídicas, econômicas e institucionais do direito administrativo ordenador. Belo Horizonte: Fórum, 2017. p. 44.

[21] POZZOLO, Susanna. **Um Constitucionalismo Ambiguo.** *In*: Neoconstitucionalismo(s). Madrid: Editora Trotta, 2003. p. 192-193.

[22] Id. p.209.

da legalidade. A ideia de colocar o governo dos juízes e também dos administradores-decisores acima do Direito posto, portanto, não tão bem funciona, mais precisamente, resulta em insegurança.

Outro problema, também já mapeado, vinculado ao recurso aos princípios (e, portanto, ao constitucionalismo) se opera no plano da técnica da ponderação dirigida à aplicação concreta dos princípios, compreendidos como mandamentos de otimização[23]. Sob a ótica institucional, o uso frequente da ponderação implicaria uma proeminência exagerada do Judiciário, o que em última análise fulminaria o ímpeto e força de boa parte das transformações gestionadas no seio e fluir da atividade administrativa. Essa onipotência dos tribunais comprometeria as margens de conformação do legislador e dos administrados — inclusive aquelas dirigidas à consensualidade —, já que todas as suas avaliações estariam sujeitas à revisão constante do tribunal constitucional por meio de uma técnica de decisão desprovida de maiores parâmetros. Adicionalmente, a possibilidade de revisão das decisões legislativas com suporte na ponderação levaria à constitucionalização de todos os conflitos, na medida em que cada resposta proferida deveria ser identificada como a otimização dos princípios em colisão frente ao caso.

Argumentam, ainda, os críticos que a operação fundamental para a solução de conflitos entre princípios desenvolve-se meramente com base nas convicções pessoais dos tomadores de decisão e que a Teoria dos Princípios é incapaz de fornecer ferramentas dogmáticas suficientes para lidar com este inevitável subjetivismo. O ponto fundamental da crítica à dita teoria seria, em outras palavras, a indisponibilidade de parâmetros de decisão capazes de manter os níveis de incerteza do sistema jurídico em patamares minimamente sustentáveis. A ideia fundamental

[23] A lição clássica de Robert Alexy é a de que princípios jurídicos encerram mandados de otimização, no sentido de que são comandos normativos que apontam para uma finalidade ou estado de coisas a ser alcançado, mas que admitem concretização em graus, de acordo com as circunstâncias fáticas e jurídicas. (ALEXY, Robert. **Teoria dos direitos fundamentais**. 2ª ed. São Paulo: Malheiros, 2014. p. 86) Ao contrário das regras, que são normas aplicadas segundo a lógica do "tudo ou nada", ou seja, binária, os princípios têm uma dimensão de peso, sendo aplicados em maior ou menor grau, conforme juízos de ponderação formulados, tendo em conta outros princípios concorrentes e eventuais limitações à sua concretização. (DWORKIN, Ronald. **Taking Rights Seriously**. Cambridge: Harvard University Press, 1998. p. 24)

de otimização, a orientar a ponderação de princípios, seria apenas uma imagem desprovida de racionalidade e praticidade. No limite, ela seria sequer útil para descrever corretamente a estrutura do raciocínio e para orientar normativamente a aplicação do direito.

Ainda sobre o "neoconstitucionalismo", uma outra distinta preocupação assenta-se no fato de que, para uma teoria jurídica instrumentalista preocupada com a maior realização possível da Constituição em cada caso (um instrumentalismo de primeira ordem, portanto), qualquer teoria ou método decisório não tem valor intrínseco (*i.e.*: formalismo, proporcionalidade, consequencialismo, etc.). A prática, ao menos no âmbito do Supremo Tribunal Federal, informa que teorias e métodos decisórios são apropriados e descartados em função da sua utilidade pontual determinada pelas preferências de quem os seleciona e aplica. A interpretação constitucional se tornou, nestes moldes, um meio. Nessa visão funcionalista, segundo Fernando Leal, os critérios fundamentais para medir o uso adequado de métodos de interpretação e teorias de decisão deixaram de ser (i) a consistência na aplicação e (ii) o uso frequente no tempo para serem substituídos pela sua (iii) aptidão para, nas circunstâncias em que são empregados, realizarem determinadas finalidades. E, dado que o estado de coisas visado se deixa captar por uma palavra vaga ("efetividade"), os intérpretes oficiais da Constituição (leia-se: ministros do Supremo) passaram a deter mecanismos para justificar qualquer resultado que entendessem ser o que garantisse maior efetividade à Constituição[24].

Ademais, pela descrição de Binenbjom anteriormente pontuada, nada impede que os administradores públicos, ao agirem como agentes conformadores diretos da realidade constitucional, também lancem mão deste equívoco modelo operacional, sob o pálio da defesa e realização, em sentido estrito, da mesma Constituição. E, conquanto a interpretação dos administradores fique, naturalmente, submetida à eventual reanálise do Judiciário, pela expressão inafastabilidade do controle jurisdicional capitulada no artigo 5º, inc. XXXV, da Lei Maior, isto não tanto ajuda nesta dissolução da interpretação constitucional num grande número de

[24] LEAL, Fernando. **"A Constituição diz o que eu digo que ela diz": Formalismo inconsistente e textualismo oscilante no Direito Constitucional brasileiro.** Direitos Fundamentais & Justiça, v. 39, p. 99-143, 2018. p. 116 e 134.

interpretações e intérpretes, na medida em que nem toda atividade administrativa, pelas mais diversas razões (*i.e.*: custo e tempo), é submetida ao crivo judicial.

Deste modo, seja na perspectiva dos juízes ou dos administradores públicos, o constitucionalismo da efetividade, enquanto teoria normativa, contribui, forte no magistério de Fernando Leal, para criar as condições para produzir, na prática, aquilo que descritivamente poderia ser captado por um realismo cínico: tomadores de decisão manipulam os brinquedos encantadores (regras, princípios, precedentes, teorias e métodos de interpretação da Constituição) para garantirem o ar de juridicidade às suas posições, como se o Direito os limitasse, mas, no fundo, tal postura apenas traveste o desejo de maximizar as suas próprias convicções sobre efetividade constitucional que orientam as suas decisões[25].

Como se verifica, a abertura da legalidade em sua acepção mais estrita em prol de uma desmedida crença de que é da Constituição a aptidão para oferecer as melhores respostas, à luz da efetividade, bem como de que o administrador presumivelmente seria hábil para encontrá-las, a partir da vagueza dos seus princípios (implícitos e explícitos) e dos seus conceitos jurídicos indeterminados, quando não, ainda, à míngua de uma teoria ou método decisório estável a partir do conteúdo da própria Constituição, talvez seja empreendimento que o giro constitucional mereça ao menos se preocupar. Do contrário, o dito *sistema* pode se tornar dislexo ao seguir suas próprias convicções e, ao cabo, comprometer a própria evolução do direito administrativo que se tornará, no mundo real, refém das livres e distintas convicções daqueles com poder para decidir.

Não se trata, portanto, de opor-se irremediavelmente à serventia dos princípios constitucionais para interpretar, bloquear e integrar regras infraconstitucionais existentes, mas de qualificar as investidas naqueles ancoradas. Como afirma Ávila, os princípios constitucionais "*só exercem a sua função de bloqueio, destinada a afastar a regra legal, quando ela for efetivamente incompatível com o estado ideal cuja promoção é por eles determinada*".

[25] LEAL, Fernando. **"A Constituição diz o que eu digo que ela diz": Formalismo inconsistente e textualismo oscilante no Direito Constitucional brasileiro**. Direitos Fundamentais & Justiça, v. 39, p. 99-143, 2018. P. 116 e 132.

E prossegue: "*O aplicador só pode deixar de aplicar uma regra infraconstitucional quando ela for inconstitucional, ou quando sua aplicação for irrazoável, por ser o caso concreto extraordinário*"[26]. Não se pode, apenas por não se concordar com a consequência a ser desencadeada pela ocorrência do fato previsto na hipótese da regra, deixá-la de lado e pular para o plano constitucional.

1.3. O Giro Pragmático

No esforço para se explicar o pragmatismo como ferramenta de aplicação nas séries argumentativas vinculadas ao processo decisório, é lugar comum se fazer remissão a três pilares em que se edifica o programa. São eles: *antifundacionalismo*, compreendido como a rejeição de qualquer critério ou fundação estática e definitiva para qualquer teoria ou argumento, *contextualismo*, o que compromete o decisor a enfatizar o papel da experiência humana prática e *consequencialismo* que, a seu turno, expressa a ideia de que as consequências vislumbradas, a partir das diferentes alternativas, deve medrar a atividade decisória.

Na lição de John Dewey, o conceito de verdade pragmatista é sempre responsivo, no sentido de que sempre responde a alguma necessidade, a algum fim desejável. Em outros termos, a verdade significa a satisfação das consequências às quais uma proposição se refere[27]. Mas, dado que a realidade é contextual e cambiante, a verdade se torna passível de ser alterada, tornando a empreitada pragmatista um caminho aberto ao erro e à correção continuada, o que não se traduz, contudo, numa justificativa universal a indultar os que mal operacionalizam a ferramenta[28].

[26] ÁVILA, Humberto. **"Neoconstitucionalismo": entre a ciência do Direito e o Direito da ciência.** Revista eletrônica de Direito do Estado, Salvador, n. 17, jan./mar. 2009. p. 6.

[27] DEWEY, John. **The problem of truth.** *In*: HICKMAN, Larry A.; ALEXANDER, Thomas M. (Ed.). *The Essential Dewey: ethics, logic, psychology*. Bloomington: Indiana University Press, 1998. V. II. p. 183.

[28] Exemplo deste posicionamento seria o que Conrado Hübner chamou de "consequenciachismo". Argumenta o autor que "*O consequenciachismo é um estado de espírito, um pensamento desejoso ("wishful thinking"), a confusão entre o que é e o que se queria que fosse.* Bons consequencialistas respeitam a complexidade e a incerteza do mundo social. Consequenciachistas julgam conhecer o mundo social por intuição e experiência, aderem ao consequencialismo inconsequente, impressionismo com verve retórica". MENDES. Conrado Hübner. **Jurisprudência Impressionista. O consequenciachismo é um**

A concepção pragmatista do direito implica, ademais, que se adotem, segundo alguns defendem, recursos não-jurídicos em sua aplicação, e que se recebam, constantemente, contribuições de outras disciplinas em sua elaboração. Além das tradicionais fontes do direito, cogentes ou não, os decisores pragmatistas ao formarem suas decisões se valem também, por exemplo, de considerações de ordem ética e política[29].

Estes breves apontamentos autorizam a identificação do ponto de contato entre o giro constitucional e o giro pragmático. A partir da estrutura linguística do texto constitucional, o seu intérprete e aplicador tem o dever de prestigiar uma abordagem vincada na busca das melhores consequências, à luz do contexto concreto, sem tanto se preocupar com cânones interpretativos (i.e.: supremacia do poder público frente ao particular). Seria como, pelo pragmatismo, ser possível "matizar o idealismo excessivo e selar o compromisso do constitucionalismo democrático com a realidade concreta"[30]. Assim, por exemplo, o dever de proporcionalidade deixa de ser visto como uma disputa entre teorias interpretativas ou filosofias morais, para tornar-se um sopesamento de custos e benefícios,

estado de espírito, um pensamento desejoso, a confusão entre o que é e o que se queria que fosse. Revista Época. Set./2018. Disponível em: https://epoca.globo.com/conrado-hubner--mendes/jurisprudencia-impressionista-23066592#ixzz5nqtzfvpB). Acesso em: 13.05.2019.

[29] Esta percepção é típica do pragmatismo filosófico. Contudo, como informam Arguelhes e Leal, Posner desenvolve uma outra aproximação sobre o pragmatismo que, muito embora mantenha a centralidade nas consequências, apresenta como elementos cardeais os seguintes traços: (i) não encoraja o juiz a tomar decisões ad hoc, sem se atentar para as consequências sistêmicas de sua atuação; "não envolve o juiz em qualquer *dever* de consistência com o passado, sendo, pois, necessariamente voltado para o futuro; e (iii) encoraja o juiz a recorrer a teorias que tragam o debate judicial para perto de discussões e problemas empíricos, com rejeição ao recurso à filosofia como um todo, que "só seria útil em 'casos excepcionais', já que palavras e conceitos como 'justiça', 'equidade' e 'legitimidade' seriam geralmente usados para interromper o diálogo, e não para facilitá-lo". (ARGUELHES, Diego Werneck; LEAL, Fernando. **Pragmatismo como [Meta]Teoria da Decisão Judicial: Caracterização, Estratégias e Implicações**. Em: Daniel Sarmento; Álvaro Ricardo de Souza (Orgs.). Filosofia e Teoria Constitucional Contemporânea. Rio de Janeiro: Lumen Juris, 2009, p. 186-187)

[30] BINENBJOM, Gustavo. **Poder de Polícia, Ordenação, Regulação. Transformações político-jurídicas, econômicas e institucionais do direito administrativo ordenador**. Belo Horizonte: Fórum, 2017. p. 63.

baseados numa pesquisa factual e nos bons (e maus) efeitos de medidas específicas.

Em verdade, o sentido atribuído por Binenbjom ao giro pragmático parece ser o de que, pela correlação entre estado de coisas a ser promovido e os efeitos decorrentes da conduta havida como necessária à sua promoção, é possível, de certa maneira, domar o neoconstitucionalismo, por meio da instrumentalização da tomada de decisão, com vistas a "*erigir um direito administrativo comprometido tanto em honrar seus alicerces democrático-constitucionais, quanto em realizar efetivamente os seus fins*"[31]. O consequencialismo — a grande vedete do pragmatismo — ao sustentar-se, ao menos em tese, sobre o adiantamento das consequências possíveis como razão para decidir na postura *forward-looking*, poderia conferir substrato ao argumento lastreado em determinado princípio ou valor prescrito na Constituição, ao prover a(s) consequência(s) que menos comprometeriam a força normativa dessa[32].

Partindo-se da premissa de que "*raciocínios pragmáticos são, antes de tudo, uma realidade incontornável*"[33], sobremodo a partir da edição da Lei 13.655/2018, quando então ganham contornos cogentes (a exemplo dos arts. 20, 22 e 24), e que, portanto, influenciam inexoravelmente o processo de tomada de decisão, é, com efeito, necessário manter em mente que há riscos a eles associados. Na prática, raciocínios consequencialistas podem levar a uma retórica argumentativa que desemboque em decisionismos, a partir da criatividade (e, eventualmente, interesses) da autoridade responsável pelo ato. Nessa hipótese, se descambaria para o mesmo mal que se pretendia curar pela argumentação pragmatista, sem,

[31] Id. p. 64.

[32] Ao que tudo indica, Posner diverge desta postura pragmática, valendo-se do próprio pragmatismo, com um olhar voltado para as melhores consequências sistêmicas em detrimento das imediatas correlacionadas ao caso concreto, para justificar a estratégia a ser seguida. Veja-se: "When the consequences are not catastrophic or absurd, it usually is sensible to go with the plain meaning of a statute or contract in order to protect expectations and preserve ordinary language as an effective medium of legal communication. But, as I have been at pains to emphasize, the root of the decision is still pragmatic". (POSNER, Richard A. **Law, pragmatism and democracy**. Cambridge: Harvard university Press, second printing, 2003,p. 82)

[33] MENDONÇA, José Vicente de. **Direito Constitucional Econômico: A intervenção do estado na economia à luz da razão pública e do pragmatismo**. 2ª ed. Belo Horizonte: Fórum, 2018. p. 24.

portanto, domesticar ações desmedidas do administrador público, sejam elas marcadas pela venalidade ou não[34-35].

Para sintetizar o argumento — porquanto será melhor desenvolvido no Capítulo 3, ao se endereçar a utilidade do artigo 20 da LINDB na demarcação do espectro de alcance da vontade do administrador público propenso a celebrar um ajuste —, a crítica promovida por Fernando Leal ao dito dispositivo e, portanto, à utilização do raciocínio consequencialista a ele correlacionado, bem traduz justas preocupações que ao seu redor orbitam:

> Na verdade, seria possível até problematizar o artigo 20 por investir, no fundo, em uma redundância. Se princípios são normas com estrutura teleológica, a tomada de decisão com base em princípios jurídicos deveria necessariamente envolver um juízo sobre os possíveis efeitos atrelados à aplicação de medidas destinadas a realizar os estados de coisas a eles vinculados. Justificar decisões com base em princípios significa, assim, recorrer invariavelmente a raciocínios consequencialistas. Nesse ponto, ao exigir que, ao aplicar princípios vagos, o decisor pense nas consequências práticas de sua decisão, o artigo 20 pode significar um simples comando para que essas normas sejam aplicadas como deveriam. Isso não é pouco na nossa realidade — ainda que não seja metodologicamente inovador.
>
> O problema é que do aumento quantitativo de referências de argumentação não se infere o aumento de *qualidade* da justificação. Nesse aspecto, apenas

[34] Como adverte Douglas Walton, o argumento das consequências pode ser aplicado "*as a reasonable kind of argumentation and as a fallacy*". E continua: "*[...] in practical deliberations (matters of expediency), the use of argumentation from consequences can be perfectly reasonable, and should be presumed to be nonfallacious. However, when there is a shift from its use in such a context of action-directed deliberation to another kind of use, where the question is one of truth or right, one needs to be extremely careful not to commit the fallacy of leaping to condemn a view because of the cited or alleged bad consequences of holding that view*". (WALTON, Douglas. **Historical Origins of Argumentum ad Consequentiam**. Winnipeg: University of Winnipeg. pp. 252-258)

[35] Afirma Humberto Ávila, que "o juiz não pode deixar de aplicar uma regra infraconstitucional simplesmente deixando-a de lado e pulando para o plano constitucional, por não concordar com a consequência a ser desencadeada pela ocorrência do fato previsto na sua hipótese" (ÁVILA, Humberto. **Neoconstitucionalismo: entre a ciência do Direito e o Direito da ciência**. Revista eletrônica de Direito do Estado, Salvador, n. 17, jan./mar. 2009. p. 23. Disponível em: https://revistas.unifacs.br/index.php/redu/article/viewFile/836/595. Acesso em: 20/03/2019).

ao exigir a consideração de consequências sem estabelecer critérios para neutralizar certas dificuldades intrinsicamente relacionadas ao trabalho com efeitos de alternativas de decisão, o projeto de lei pode não ser capaz de reduzir as incertezas de processos decisórios que se sustentem sobre princípios vagos ou que invalidem os atos referidos no artigo 26 que se pretende incluir na Lei de Introdução. Ao contrário. Assim como do aumento quantitativo dos referenciais de argumentação os autores do projeto de lei parecem assumir o aumento da qualidade da justificação, é igualmente possível sustentar que esse aumento quantitativo, nos termos do projeto de lei, poderá *aumentar* os níveis de incerteza nos processos de tomada de decisão”[36].

No limite, nada impede que a busca pela eficiência ancorada no pragmatismo e, consectariamente, no consequencialismo, sob um mero rótulo de contenção na juridicidade, deságue, na prática, em subjetivismo e instabilidade.

1.4. A Consensualidade na Atividade Administrativa Brasileira

Tema incandescente no Direito mundial, inserido nos debates reformadores e modernizadores de Estado pontuados nos itens 1.1 ao 1.3 acima, diz respeito aos métodos e técnicas consensuais aplicadas às atividades decisórias desenvolvidas pelos órgãos e entidades públicas, no trato da relação Administração-cidadão. Decisivamente, a cultura do diálogo, em que o Estado há de conformar as suas ações em face das emanações de uma diversidade social e contextual, está em alta, sendo um fenômeno global.

Administração concertada, administração consensual ou *soft administration* são expressões que tipicamente refletem as formas de democracia participativa, em que o Poder Público, ao invés de decidir unilateralmente, utilizando-se do ato administrativo na sua acepção imperativa, atrai os indivíduos para o debate de questões de interesse comum, em prol da promoção da garantia dos direitos fundamentais encartados na

[36] LEAL, Fernando. **Inclinações Pragmáticas do Direito Administrativo: nova agenda, novos problemas. O caso do PL 349/15**. *In*: LEAL, Fernando; MENDONÇA, José Vicente Santos de (org). Transformações do Direito Administrativo: consequencialismo e estratégias regulatórias. Rio de Janeiro: Escola de Direito do Rio de Janeiro da Fundação Getúlio Vargas, 2016. p. 27-28. Disponível em: http://bibliotecadigital.fgv.br/dspace/handle/10438/18009. Acesso em: 24/03/2019)

Constituição, que deverão ser solvidas mediante se não um acordo de vontades, ao menos influenciado por algum tipo de *input* externo.

As transformações operadas em favor da consensualidade, contudo, não eliminam a imperatividade administrativa, compreendida como consequência do chamado "poder extroverso", isto é, aquele "*que permite ao Poder Público editar provimentos que vão além da esfera jurídica do sujeito emitente, ou seja, que interferem na esfera jurídica de outras pessoas, constituindo-as unilateralmente em obrigações*"[37]. Nas palavras de Diogo de Figueiredo Moreira Neto, "a consensualidade não exclui, porém, a imperatividade, senão que com ela coexiste *in potentia*, restrita ao que a lei estabeleça como indisponível"[38]. Assim é que, mesmo na busca do consenso, a Administração não chega ao ponto de ficar em posição de absoluta igualdade com o particular.

Especificamente no Brasil, a efetiva abertura normativa em favor da consensualidade teve seu início na década de 90. Tomada em sentido amplo, a consensualidade passou a mecanismo necessário para a acomodação dos interesses dirigidos para uma ordem social mais justa, menos adversarial e mais participativa. Em busca do equilíbrio, diversas reformas legislativas positivaram o formal e material poder de influência e conformação sobre os atos da Administração, sendo possível divisar a evolução, simultânea, desta plataforma operacional em duas aplicações — não excludentes — de atuação administrativa, a saber: consensualidade enquanto participação e consensualidade enquanto acordo administrativo. Em comum, é reservado o racional por detrás destas medidas consensuais: pelo reconhecimento da inaptidão da Administração Pública de remediar toda a infinidade de demandas consentâneas a uma sociedade altamente dinâmica e complexa, ancorada em auspiciosos desígnios constitucionais, "*o Poder Público vai além de estimular a prática de condutas privadas de interesse público, passando a estimular a criação de soluções privadas de interesse público, concorrendo para seus modos e formas de atendimento*"[39].

[37] MELLO, Celso Antônio Bandeira de. **Curso de Direito Administrativo.** 17ª. Edição, São Paulo: Malheiros, 2004. p. 383.

[38] MOREIRA NETO, Diogo Figueiredo. **Curso de Direito Administrativo.** 12ª. Edição, Rio de Janeiro: Forense, 2002, p.137.

[39] MOREIRA NETO, Diogo de Figueiredo. **Novos Institutos Consensuais na Administração Pública.** Revista de Direito Administrativo. v. 231 (2003). p. 156.

1.4.1. Consensualidade enquanto Participação na Administração

Partindo-se de uma visão mais abrangente, um dos flancos da consensualidade operada em prol da conformação dos fins do Estado é representado pela inserção, em distintos programas governamentais, da imprescindibilidade da participação dos cidadãos na conformação dos seus resultados e operação. Numa clara expressão de essencialidade desta ativa influência, houve a integração de um sequencial de "Ps" nas siglas indicativas destes programas. Assim ocorre com as PPPs (Parcerias Público Privadas), instituídas pela Lei 11.079/2004, com as PDPs (Parcerias para o Desenvolvimento Produtivo), atualmente normatizadas pelo Decreto nº 9.283/2018, com o PPI (Programa de Parcerias de Investimentos), cujo assento legal encontra-se na Lei nº 13.334/2016, com as PD&I (Parceria de Pesquisa e Desenvolvimento para Inovação), ancoradas na Lei nº 10.973/2004 e no decreto que a regulamenta de nº 5.563/2005, sem prejuízo do Estatuto das Parcerias editado na forma da Lei nº 13.019/2014 e legislação congênere (*i.e.*: Lei nº 9.637/98 que disciplina as características das Organizações Sociais e Contratos de Gestão; Lei nº 9.790/1999 que disciplina as atividades das chamadas Organizações da Sociedade Civil de Interesse Público — Oscip)[40].

Pela força enunciativa da palavra "parcerias", o movimento opera uma representativa diferenciação de abordagem que se pretende ir muito além de um mero eufemismo. Na prática, eles são permeados de diretrizes e regras que atribuem ao particular determinada margem para materialmente influenciar, em alguma medida, no aperfeiçoamento das atividades e programas de capital importância para o desenvolvimento nacional.

A dispersão da previsão da atuação administrativa consensual, na sua faceta de participação, atinge também a atividade normativa de diversos setores específicos, como o antitruste, mercado de capitais e os microssistemas regulados da Administração Pública nacional. Nestes setores, similares regramentos normativos previram maneiras de se promover influências na formação das políticas regulamentares setorizadas, como a previsão de consultas e audiências públicas prévias à edição de atos

[40] Há, ainda, os contratos de repasse, convênios e outros instrumentos congêneres normatizados na Lei nº 8.666/1993.

normativos. Dentre as cinco etapas do processo legislativo interno[41], representadas pela (i) identificação e definição do problema; (ii) análise da situação questionada e de suas causas; (iii) definição dos objetivos pretendidos; (iv) crítica das propostas; e (v) controle de resultados, a intervenção consensual aqui tratada, sem prejuízo de outras medidas, se verte notadamente sobre os itens "iii" e, em especial, o "iv". Aos cidadãos caberá avaliar a proporcionalidade da medida, bem assim o seu grau de aceitabilidade enquanto mecanismo apto a promover o estado de coisas que é substrato da norma.

Por mais que algumas contribuições (ou resistências) sérias havidas por meio destes processos participativos venham a ser desprezadas, a Administração passa a deter o dever de ser, em algum nível, responsiva aos distintos reclames e soluções sociais apresentados — que a evolução digital permite serem cada vez mais inclusivos —, não mais confinando-se em suas próprias convicções ou nas influências de jogadores esparsos, pujantes economicamente, com algum nível de influência no setor de atuação, seja pela proximidade, seja por meio de um *lobby* de representação. Esta nova forma de administrar, compartilhada com os cidadãos, habilita o Estado contemporâneo a bem desenvolver o desenho tanto dos caminhos quanto dos objetivos dos regramentos, numa medida mais compatível com os desígnios múltiplos e, por vezes, contextualmente colidentes (*v.g.*: livre iniciativa, como representação do caminho ao desenvolvimento econômico, e dignidade da pessoa humana, como imprescindibilidade do desenvolvimento social) encartados na Constituição.

1.4.2. A Consensualidade enquanto Acordo Administrativo

Na segunda expressão da consensualidade administrativa, assinalamos os específicos acordos celebrados entre particulares e Administração Pública, fruto de procedimentos administrativos vinculados à função estatal de reconhecida como poder de polícia. Fundamentalmente, a análise contemplará os acordos substitutivos, vocacionados a substituir a sanção ou eventual curso de ação que possa nela redundar, e os acordos integrativos

[41] O Manual de Redação da Presidência da República, anexo ao então vigente Decreto nº 4.176/02, hoje revogado pelo Decreto nº 9191/2017, descrevia didaticamente estas etapas de desenvolvimento de uma lei. Hoje, o Decreto nº 9191/2017 destaca um capítulo (IV) específico para a observância de "Consulta Pública" dos atos normativos.

— assim considerados aqueles que são frutos de mútua cooperação entre administração e particular para obter o máximo possível de benefícios econômicos e sociais por meio de autorizações — pela potencialidade de sancionamento que deriva da insistência do particular em avançar por caminho de autorização público-administrativa incerta ou que mereça ajuste para ser consentida[42].

No manejo específico destes instrumentos de concertação de vontades, é possível citar, como exemplos de sua penetração na cultura jurídica nacional, o art. 3º, inc. da Lei 9.961/2000 (institui a Agência Nacional de Saúde — ANS) e o art. 81, inc. VIII da lei instituidora da Agência Nacional de Transportes Terrestres e Aquaviários (ANTT), Lei nº 10.233/2001, dentre tantos outros que se erigem da atividade regulatória nacional. Outro exemplo de relevo desta nova fase do Direito Público, e até menos insipiente quando comparado às intituladas Agências, advém dos acordos firmados com particulares no âmbito do Conselho Administrativo de Defesa Econômica ("CADE"), nos termos da Lei nº 12.529/2011, bem como aqueles firmados pela Comissão de Valores Mobiliários ("CVM") no controle e fiscalização do mercado de capitais e afins, com suporte na expressa autorização consignada na Lei nº 9.457/1997 que alterou o art. 11, §5º, da Lei nº 6.385/76.

A despeito destes avanços, anteriormente ao advento da LINDB, grassava uma incômoda sensação no seio da Administração Pública desenvolvida fora dos microssistemas regulados: a de que, na ausência de um permissivo legal genérico, administradores públicos eram tolhidos de inovar por meio de acordos administrativos, uma vez que atemorizados frente ao novo atrelado à ação do controlador. Até então o administrador público dispunha, para efeitos de celebração de acordos de índole administrativa, de regras esparsas em matérias de ambiental (Lei nº 6.938/81) e de desapropriação (Decreto-lei nº. 3.365/41), na Lei de Ação de Civil

[42] Há outras modalidades de acordo, como: "*acordos processuais, análogos à figura do negócio jurídico processual previsto no novo Código de Processo Civil; acordos de colaboração, destinados à obtenção de provas e informações que melhorem os processos punitivos, como o acordo de leniência; acordos de rescisão contratual, como os recentemente disciplinados na Lei de Relicitações (Lei 13.448/2017) etc*". PALMA, Juliana B. **A Proposta de Lei da Segurança Jurídica na Gestão e do Controle Público e as Pesquisas Acadêmicas.** SBDP. p. 19. Disponível em: http://www.sbdp.org.br/wp/wp-content/uploads/2019/06/LINDB.pdf. Acesso em: 07.09.2020)

Pública (art. 5º, § 6º, Lei nº 7.347/85)[43] e na Lei nº 13.140/2015 (Lei de Mediação), que, na prática, eram insuficientes para o endereçamento das vastas pretensões conciliatórias advindas da diversidade, dinamicidade e complexidade da atividade público-administrativa atual, exercida por meio de múltiplos centros de controle (policêntrica).

A insegurança jurídica na celebração de acordos colocava-se, assim, desde a sua origem, no clássico debate sobre a viabilidade jurídica de a Administração Pública transacionar com o particular fora dos nichos legais anteriormente pontuados. Como, então, superar tamanha incerteza, de modo a assumir a consensualidade como legítima alternativa na caixa de ferramentas da Administração? A partir desta questão, sem prejuízo da necessidade de dirimir outros importantes fatores de distorção da atividade jurídico-decisória pública, em favor da elevação dos níveis de segurança jurídica e de eficiência na criação e aplicação do direito público, foi que o Estado brasileiro editou a Lei nº 13.655/2018. Dentre os 10 novos artigos editados pela referida lei que, em verdade, foi incorporada no corpo da Lei de Introdução às Normas do Direito Brasileiro (Decreto-Lei nº 4.657/1942), consta o artigo 26, com a seguinte redação:

> Art. 26. Para eliminar irregularidade, incerteza jurídica ou situação contenciosa na aplicação do direito público, inclusive no caso de expedição de licença, a autoridade administrativa poderá, após oitiva do órgão jurídico e, quando for o caso, após realização de consulta pública, e presentes razões de relevante interesse geral, celebrar compromisso com os interessados, observada a legislação aplicável, o qual só produzirá efeitos a partir de sua publicação oficial.

[43] "O entendimento de que a Lei da Ação Civil Pública trazia o permissivo genérico legal necessário à consensualidade administrativa, embora largamente defensável, era frágil. Além de relevantes posicionamentos doutrinários em sentido contrário, ressentia-se de um precedente judicial mais firme chancelando o referido preceito como autorizador genérico à celebração de acordos administrativos". (GUERRA, Sérgio; PALMA, Juliana Bonacorsi de. **Art. 26 da LINDB. Novo regime jurídico de negociação com a Administração Pública.** Rev. Direito Administrativo, Rio de Janeiro, Edição Especial: Direito Público na Lei de Introdução às Normas de Direito Brasileiro – LINDB, p. 135-169, nov. 2018. p. 147. Disponível em: http://bibliotecadigital.fgv.br/ojs/index.php/rda/article/view/77653 Acesso em: 10/01/2019)

§ 1º O compromisso referido no *caput* deste artigo:

I – buscará solução jurídica proporcional, equânime, eficiente e compatível com os interesses gerais;

II – (VETADO);

III – não poderá conferir desoneração permanente de dever ou condicionamento de direito reconhecidos por orientação geral;

IV - deverá prever com clareza as obrigações das partes, o prazo para seu cumprimento e as sanções aplicáveis em caso de descumprimento.

§ 2º (VETADO).

A partir deste dispositivo, de aplicação imediata e, inclusive, retroativa[44], tem-se que há um novo regime jurídico geral autorizador dos acordos administrativos, em consonância com a moderna literatura sociopolítica que sobreleva o papel das *instituições do consenso* debatidas neste capítulo. A questão a ser dirimida, porém, passa a ser se o art. 26 confere, por si, um incremento racional decisório, de jaez alternativo, capaz de promover resultados controlados e eventualmente superiores segundo a égide da eficiência administrativa prescrita no *caput* do art. 37 da CF. Mais detalhadamente, considerando que, pela regra, não há um roteiro fechado de prestações predeterminadas para edificar uma postura consensual diante do caso concreto, resta saber se o dispositivo em pauta confere bases para promover, com segurança, um salto qualitativo no atendimento do interesse público pela via consensualidade, diante de um contexto pluralista, movediço e permeado pelas tensões pontuadas no Capítulo 2 a seguir.

[44] "Temos que irretroatividade de normas deve ceder em face das normas interpretativas, de que é exemplo a LINDB. Cuida-se de entendimento que encontra lastro na jurisprudência dos Tribunais Superiores (...). O Supremo Tribunal Federal (STF), ao apreciar a ADI nº 605-MC/DF, já teve a oportunidade de asseverar que 'as leis, em face do caráter prospectivo de que se revestem, deve, ordinariamente, dispor para o futuro. O sistema jurídico-constitucional brasileiro, contudo, não assentou como postulado absoluto, incondicional e inderrogável, o princípio da irretroatividade'". (MARQUES NETO, Floriano de Azevedo; FREITAS, Rafael Véras de. **Comentários à Lei nº 13.655/2018 (Lei da Segurança para a inovação Pública)**. Belo Horizonte: Fórum. 2019. p. 17.

2.
Acordo Administrativo como Vetor de Múltiplas Tensões

Se há alguma funcionalidade em tentar decifrar, ao menos em parte, os sinais emitidos do âmago de um Direito Administrativo cambiante, esta possivelmente é a revelação da impertinência de uma classificação ou operacionalização simplista das questões que pautam o mundo contemporâneo. Em um ambiente elevado pela diversidade de interesses em constante tensão — claramente distantes do estágio de acomodação —, qualquer passo mais açodado ou mesmo entusiasmado pode acionar gatilhos indesejados e, assim, acirrar as mais diferentes modalidades de instabilidade tão caras a um país que, à luz dos proeminentes desígnios escritos em sua Carta Constitucional de 1988, alimenta a esperança de concretizá-los.

Em meio ao discurso de que a unilateralidade e a exorbitância têm que dar lugar à interlocução e o de que a sanção não pode ser lida como um fim, mas apenas um dos meios para se alcançar os fins compreendidos como de interesse público, descurar dos riscos associados à via dialógica pode ser um convite ao abuso. Enzo Roppo, ao mesmo tempo em que assinala as potencialidades positivas para o emprego do consensualismo administrativo, reconhece também que o recurso a módulos não convencionais por parte da Administração Pública pode levar à "*colusão e mesmo a situações em que é fácil que interesses individuais ou de grupo se sobreponham aos interesses da coletividade*"[45].

[45] ROPPO, Enzo. **O contrato**. Coimbra: Almedina, 1988. p. 342-346.

O tamanho do perigo no manejo da técnica consensual dos acordos administrativos parece, portanto, ser proporcional à utilidade destes para uma boa (ou má) administração. Em particular, o problema se coloca quando as potenciais vantagens correlacionadas à medida concertada neutralizam a leitura ou compreensão dos riscos, ainda que, por vezes, sejam evidentes. Pior ocorre quando a cegueira se torna tão acentuada a ponto de impedir a constatação de que o caminho alternativo à consensualidade (isto é, a imperatividade) pode, na prática, trazer riscos inferiores e benefícios superiores para o caso em concreto, forte na assunção de que as escolhas se dão sobre alternativas imperfeitas.

Do discurso em favor dos acordos as justificativas são multiformes e sedutoras, até porque verdadeiras, ao menos em parte. Uma delas é pinçada de aspectos pragmáticos como o não atendimento do caráter dissuasório da multa aplicada ante a pujança econômica do apenado ou de que há incerteza quanto ao pagamento da multa, se consideradas as diversas possiblidades de sua impugnação administrativa ou judicial; outra justificativa, de viés similar, é no sentido de que os acordos apresentam maior agilidade e adaptabilidade aos interesses que concorrentes para a realização da atividade administrativa. Também é possível encontrar argumentos que assumem haver no consenso maior margem de conformação dos interesses públicos. E, finalmente, considerando a potencialidade do acordo de permitir a superação do conflito, infere-se o argumento de que este "assegura uma maior estabilidade nas relações, aumentando a segurança jurídica[46].

No entanto, há dificuldades no tratamento jurídico da consensualidade, sobretudo daquela apresentada no formato de acordos administrativos com particulares. Mais detalhadamente, o aludido discurso que tanto acode o recurso aos acordos (*e.g.*: promoção de eficiência, celeridade, transparência, segurança jurídica, legalidade) também sacode as suas bases. Isto é, a depender da utilização, o acordo administrativo pode pôr em risco justamente os mesmos motes que pretensamente lhe conferem suporte. Em específico, é possível divisar situações em que, para ficar em alguns exemplos, o acordo administrativo compromete a repressão do

[46] ALFONSO. Luciano Parejo. ***Eficacia y Administracion***. p. 165. *Apud* BAPTISTA, Patrícia. **Transformações do direito administrativo**. Rio de Janeiro: Renovar, 2003. p. 266-267.

infrator, a recomposição da legalidade, a prevenção de infrações, o revestimento de eficácia das medidas normativas, a afirmação da autoridade público-administrativa, a economicidade esperada e, inclusive, o próprio fator persuasivo dos acordos substitutivos e integrativos.

Antes, portanto, de decompor o novo regime jurídico geral dos acordos administrativos, é preciso, sob as mesmas vestes do pragmatismo (em especial da sua faceta reconhecida como antifundacionalismo de rejeição de verdades apriorísticas) em que ele alegadamente se insere, conhecer suas tensões para controlar a sua elasticidade a partir do art. 26 da LINDB, e, assim, evitar o erro mais comum das ideias com vocação para virarem moda: o excesso que leva ao ocaso. Em tempo, esclarecemos que as tensões adiante pontuadas não necessariamente preexistem somente correlacionadas aos acordos administrativos. Na verdade, elas tocam outros temas relevantes como a edição de atos administrativos. Mas, aqui, nos circunscreveremos a tratar as tensões à luz dos acordos.

2.1. Tensões com Legalidade

Hoje, por força de diversos fatores — a desburocratização e descentralização da atividade do Estado, o prestígio das formas alternativas de resolução de conflitos, entre outros — uma massa ainda maior de decisões passou a ser tomada por agentes públicos. Em paralelo, se reivindica uma interação entre o direito e a realidade social destinada a descrever efeitos concretos de normas jurídicas e decisões administrativas sobre a organização social, econômica e política. Fato é que com a porosidade entre o jurídico e o não jurídico, o tipo de argumentação "aceitável" em um debate jurídico se ampliou[47].

A ideia de vinculação a princípios e pragmatismo desenvolvidas no Capítulo 1 formaram terreno fértil para este tipo de manejo discursivo, tornando-se, pois, em muitos casos, "possível argumentar tanto pela promoção das finalidades subjacentes à norma, quanto pela simples obediência

[47] PARGENDLER, Mariana. SALAMA, Bruno Meyerhof. **Direito e consequência no Brasil: em busca de um discurso sobre o método**. RDA. Revista de Direito Administrativo, Rio de Janeiro, v. 262, p. 95-144, jan./abr. 2013. p. 102. Disponível em: http://bibliotecadigital.fgv.br/ojs/index.php/rda/article/view/8901/7809 Acesso em: 30/04/2019.

aos comportamentos que ela descreve"[48]. No entanto, como também identificado no Capítulo 1, as doses de segurança e certeza que se esperam do Direito e se supõem como possíveis nos processos de adjudicação são sabotadas cotidiana e indiferentemente pela ciência, cujas operações não reduzem, mas, por vezes, aumentam incertezas e usualmente produzem conhecimentos muito menos seguros, e conclusões muito mais instáveis, que os gerados fora de seu âmbito[49], mormente quando o ferramental — que pode ser, de fato, muito útil — é mal aproveitado.

Almejando um estado de coisas superior pontual e contextualizado, o administrador público passa a considerar o abandono da legalidade estrita, da superficialidade do texto em si, sob o argumento do pragmatismo. É comum, por exemplo, se substituir multas aplicadas por obrigação diversa, a pretexto de que aquelas (aplicadas com suporte no texto legal) são incapazes de suprir as insuficiências de determinado setor. Essa elasticidade da legalidade, enxergada do ponto de vista global, entretanto, pode não representar um bom caminho. Na prática, atribuir a busca de melhores saídas por meio de possíveis particularismos de administradores públicos, que se predisponham a pragmaticamente maximizar resultados em acordos ancorados em nas suas próprias definições do que seriam determinados valores constitucionais de alto nível (como democracia, eficiência, dignidade da pessoa humana e etc.), às custas, por vezes, de boas doses de menosprezo ao texto da norma e aos seus comandos determinísticos, é empreendimento que pode pôr em risco a estabilidade do sistema jurídico e, o que é pior, não garante o resultado almejado[50].

[48] ARGUELHES, Diego Werneck. **Argumentos Consequencialistas e Estado de Direito: Subsídios para uma Compatibilização.** *In*: Anais do XIV Encontro Nacional do CONPEDI. Florianópolis: Fundação Boiteaux, 2005. p. 13.

[49] LUHMANN, N. **Die Wissenchaft der Gesellschaft**. 2ª ed. Frankfurt am Main: Surhkamp, 1994. p. 325. *Apud* SCHUARTZ, Luis Fernando. **Interdisciplinaridade e Adjudicação: Caminhos e Descaminhos da Ciência do Direito**. 2009. p. 3. Disponível em: http://bibliotecadigital.fgv.br/dspace/bitstream/handle/10438/2174/TpD%20008%20-%20Schuartz%20-%20Interdisciplinaridade%20e%20adjudica%E7%E3o.pdf?sequence=1. Acesso em 23.12.2018.

[50] José Vicente Carvalho de Mendonça bem anota que "A Administração Pública é, em muitos grotões, amadora. Não se espere que, ao lado de cada administrador público, esteja um Richard Posner de carimbão, apto a chancelar a intervenção mais pragmaticamente correta em cada

De maneira proficiente, Adrian Vermeule[51] reverencia o formalismo como estratégia de escolhas decisórias em vista dos ganhos globais proporcionados, tornando-o preferível, tudo mais igual, a outros cursos de ação (alternativas de escolhas). Para determinar a escolha pelo formalismo, há um recurso a um critério valorativo que se vincula aos reduzidos "custos de decisão"[52] (ao que se atrelam intimamente as (in)capacidades institucionais e a racionalidade limitada dos tomadores de decisão) e em reduzidos "custos de erro"[53] (ao que se atrelam os efeitos sistêmicos de uma decisão errada). Mais precisamente, se considerados estes custos, o que se proclama é que o formalismo emerge com maior força para conferir estabilidade e previsibilidade ao sistema jurídico, compreendido tanto na perspectiva das partes e do decisor, como também dos indivíduos que se programam para exercer escolhas que, nas mais diferentes searas e graus, tocam ao Direito.

O foco é prover uma redução da carga de incerteza, mediante a utilização de um mecanismo mais estável e abrangente que, conquanto possa oferecer resultados incorretos isolados[54], conduz a ganhos globais. Assim, os tomadores de decisão são convidados a se manterem próximos ao aparente ou superficial significado dos textos legais e colocarem grande ênfase sobre o valor da certeza legal e o valor da adesão ao entendimento comum dos comandos constitucionais e legais,

caso" (MENDONÇA, José Vicente de. **Direito Constitucional Econômico: A intervenção do estado na economia à luz da razão pública e do pragmatismo**. 2ª ed. Belo Horizonte: Fórum, 2018. p. 304)

[51] VERMEULE, Adrian. **Judging under Uncertainty. An Institutional Theory of Legal Interpretation.** Massachusetts: Harvard University Press, 2006.

[52] Custos que os juízes e pessoas incorrem para desvendar ou discernir o que a lei é (SUNSTEIN, Cass. **Must Formalism Be Defended Empirically?**. Coase-Sandor Working Paper Series in Law and Economics, Working paper nº 70. Chicago: The University of Chicago Law School, 1999. p. 651)

[53] Envolve tanto o número de erros como a magnitude dos erros e seus efeitos sistêmicos. (SUNSTEIN, Cass. **Must Formalism Be Defended Empirically?**. Coase-Sandor Working Paper Series in Law and Economics, Working paper nº 70. Chicago: The University of Chicago Law School, 1999. p. 651).

[54] SCHUARTZ, Luis Fernando. **Consequencialismo jurídico, racionalidade decisória e malandragem**. Em: Revista de Direito Administrativo 248 (2008), pp. 130-158. p. 138. Disponível em: http://bibliotecadigital.fgv.br/ojs/index.php/rda/article/view/41531 Acesso em: 22/01/2019.

cujo maior efeito sistêmico é a estabilização de entendimentos. Nesta medida, seria preferível que os administradores públicos aplicassem os programas condicionais ofertados pela norma de forma quase ritualística, com indiferença em relação às possíveis consequências para o caso em concreto, ainda que ruins ou sub-ótimos na perspectiva do interesse público.

A explicação para essa aparente incongruência está na suposição de que a preocupação com a consequência já se encontra devidamente incorporada à lei, de modo que os melhores resultados sociais globais serão alcançados se o direito vigente for aplicado tal como existe[55]. Mas não é só. Ao se conferir autoridade aos mais distintos decisores para interpretar a lei de modo flexível em prol da contenção de resultados absurdos ou promoção do denominado interesse público, o principal custo pode ser o de erro, representado tanto pela equivocada crença de que a aplicação da lei é absurda porque eles desconhecem ou não compreendem os propósitos legislativos e políticas[56] que subjazem a edição da norma em específico[57], como, pior, por uma emulação que lhes empodera a ponto de formatar supostos resultados superiores, a partir dos acordos, segundo os seus mais íntimos e particulares valores e critérios.

Para os reais resultados absurdos ou mesmo ineficazes obtidos a partir da aplicação do texto ao caso em concreto, há, em verdade, um outro antídoto: trata-se da ação legislativa direcionada ao ajuste do texto normativo, a ponto de torná-lo incapaz de voltar a produzir tais efeitos. Neste sentir, de capital relevo erige-se a lição de Seabra Fagundes, para quem: "Essencial é empreender a reforma do direito vigente no sentido de aparelhar a União para o exercício mais eficiente da função legislativa. É esse, talvez, o ponto mais relevante a encarar, porque a sua solução significa u'a preliminar decisiva para muitas outras soluções"[58].

[55] O *locus* ideal para a correção de defeitos não se encontra, portanto, no particularismo de juízes, mas no legislativo.

[56] Numa outra ponta, o formalismo pode também impulsionar a ação de legisladores irresignados com eventuais resultados inesperados decorrentes da aplicação do texto da lei.

[57] VERMUELE, Adrian. **Judging under Uncertainty. An Institutional Theory of Legal Interpretation**. Massachusetts: Harvard University Press, 2006. p. 38-39.

[58] FAGUNDES, Seabra. **Reformas Essenciais ao Aperfeiçoamento das Instituições Políticas Brasileiras**. Revista De Direito Administrativo. Edição comemorativa 2014.

Se é certo que existem variáveis a ser controladas para se concluir pelo formalismo no caso concreto, não menos certo é que o atual estado de coisas no Brasil aponta para um "ativismo jurídico" informado pelo recurso a técnicas ocas como "interpretação conforme à Constituição", cujos contornos quase tudo permitem aplicar no nível operacional, sob os auspícios de compromissos intelectuais de alto nível (*i.e.*: dignidade da pessoa humana, democracia, moralidade), para fundamentar decisões que nada mais revelam do que as íntimas convicções do julgador. A isto soma-se o ambiente de incertezas jurídicas gerado pela imponderável substituição do governo das leis para o governo dos homens (de onde avulta a consensualidade administrativa) que suprime a calculabilidade e a confiabilidade provindas da cogniscibilidade do Direito, a ponto de indicar que a observação ritualística do programa legal pode ser uma alternativa mais recomendável[59].

Por fim, enfatizamos que o formalismo aqui exposto, por vincular-se ao ambiente empírico em que será inserto, não necessariamente se aplica às decisões tomadas no âmbito das agências reguladoras no Brasil. Importar a convicção de Cass Sunstein sobre a plausível derrotabilidade do formalismo enquanto método de tomada de decisões no âmbito das agências reguladoras norte-americanas seria, para dizer o mínimo, malferir as bases deste próprio método que, a seu turno, rejeita o rótulo de *one size fits all*. A evolução das conclusões correlacionadas às agências reguladoras nacionais deve ser precedida de uma completa descrição e classificação das diversas variantes dos sistemas de tomada de decisão administrativa, secundada pela identificação e explicação dos fatores políticos, culturais

p. 87–110. Dez. 2013. p. 94. Disponível em: http://bibliotecadigital.fgv.br/ojs/index.php/rda/article/view/14102 . Acesso em: 12/05/2019.

[59] De grande valia para a orientação voltada à aplicação do formalismo no nível operacional são os insumos receitados por Cass Sunstein. Adiante, os mais importantes: deve-se assumir que o entendimento ordinário do texto é o que governa; deve-se suceder uma renúncia a se fazer exceções; onde o texto for ambíguo, busca-se estratégias para conter a discricionariedade; deve-se recusar a consulta a história; deve-se agir com precaução ao se recorrer a propósitos ou intenções do legislador; e a relutância a se recorrer a argumentos consequencialistas é mandatória (SUNSTEIN, Cass. **Must Formalism Be Defended Empirically?** Coase-Sandor Working Paper Series in Law and Economics, Working paper nº 70. Chicago: The University of Chicago Law School, 1999. p. 653).

e negociais que influenciam o desenho e a operação dos sistemas administrativos decisórios[60].

2.2. Tensões com Informação (*Bounded Infomation*)

Como verificado, a Administração Pública que se desenvolve sob as bases consensuais, de certa maneira, se desvincula da legalidade estrita, atenta à eventual vantajosidade ao interesse público que uma composição ou ajuste pode fazer surtir, contextualmente, quando comparado à alternativa rival, como, por exemplo, a aplicação de uma determinada sanção administrativa produzida a partir de um processo administrativo talhado na letra fria da lei. Entretanto, se é verdade que, na teoria, irremediavelmente o recurso aos acordos aumenta o leque de opções à mão do administrador público e propicia uma análise mais sensível ao caso em concreto, na prática, isto não necessariamente promove um estado de coisas melhor.

Segundo o magistério de Luis F. Schuartz, "[...] *o ideal de racionalidade de acordo com o paradigma canônico e suas variações, a saber, o comportamento maximizador e a busca da decisão ótima, transforma-se, sob certas condições, em erro e irracionalidade* [...]"[61]. Muito embora o referido autor esteja a tratar de um

[60] A sugestão pela tomada destes cursos de ação preventivos é de Robert A. Kagan. Este autor ainda relata os seguintes argumentos de relevo a serem considerados no processo de parametrização da escolha do formato de tomada de decisão no âmbito da Administração Pública: "*When political parties, interest groups, legal experts, or political readers distrust the competence, political neutrality, and fairness of bureaucrats, they are inclined to demand stricter control of administrative discretion through detailed rules, rights to participate in administrative decision-making processes, more formal and adversarial legal procedures, and searching judicial review of administrative decisions. When that occurs, administrative systems are driven or at least nudged to become more legally formal, less reliant on professional judgement in dealing with hard cases, and less reliant on political judgement in dealing with controversial ones. When the political distrusted had been "deserved" — in the sense that administrative agency had indeed accrued a track record of ineptitude, bias, or unresponsiveness — then the move toward greater legal specificity, adversarial checks, and close fidelity to rules may well result in an improvement in administrative justice. When the opposite is the case — the agency and its personnel are reasonably competent, honest, and politically neutral — the intensification of legal controls may well have the opposite consequence*". (KAGAN, Robert A. **Varieties of Bureaucratic Justice. Bulding on Mashaws's Typology**. *In*: Administrative Law from the Inside Out. Essays on Themes in the Work of Jerry L. Mashaw. Edited by Nicholas R. Parrillo. Cambridge: Cambridge University Press, 2017. pp. 247–270. p. 270).

[61] SCHUARTZ, Luis Fernando. **Consequencialismo jurídico, racionalidade decisória e malandragem**. Em: Revista de Direito Administrativo 248 (2008), pp. 130-158. p. 138.

problema ainda mais abrangente, a sua lição também é capaz de iluminar dois particulares problemas correlacionados à tensão aqui tratada. São elas: a divergente carga de informação entre agente público e o legislador, bem como as limitações da Administração Pública na colheita das informações necessárias para o alcance da melhor solução em seu favor, quando comparado ao agente privado. Menosprezar ou negligenciar estas variantes, pode ser um erro fatal.

No primeiro aspecto, importa observar que os programas autoritativos constritos na legislação de regência podem ter sido desenvolvidos de maneira mais detalhada do que as simples impressões do administrador público. Estes, não raro, são providos de um arsenal cognitivo e informacional substancialmente menor do que aquele disponível à autoridade legiferante que, a seu turno, pode ter medido e testado hipóteses, calculado resultados a partir de custos e benefícios globais, antes de chegar ao formato final que deve (ou deveria) condicionar o comportamento em favor do interesse público diante de determinada situação específica. Daí já seria possível inferir que o acordo pode ser uma solução não tão atrativa assim, mas esta discussão já foi endereçada quando do detalhamento da tensão com a legalidade.

Por ora, a preocupação mais relevante se dirige para o particular das limitações das informações à mão do agente público responsável pela elaboração do acordo frente à disponibilidade informacional do agente privado acordante, particularmente quando considerado que "claramente, comportamento estratégico está presente em praticamente todas as negociações"[62]. Não restam dúvidas de que o agente privado operará para melhor atender os seus interesses num acordo que, na maioria dos casos, poderá ser oposto ao que o interesse público estaria a demandar para o caso em concreto, sem que possivelmente o agente público consiga sequer se aperceber disto.

Os contornos desta controvérsia se evidenciam quando diante de expertise específica correlacionada ao objeto do ajuste. Este é o caso

Disponível em: http://bibliotecadigital.fgv.br/ojs/index.php/rda/article/view/41531 Acesso em: 22/01/2019. p. 134.

[62] "*Clearly, a strategic behavior is present in almost all negotiations*" (ULEN, Thomas S. **The Efficiency of Specific Performance: Toward a Unified Theory of Contract Remedies**. Michigan Law Review, Vol. 83, nº 2, p. 341-403. Nov. 1984. p. 382).

quando as opções concorrentes a serem consideradas pelo agente público para a costura de um acordo são incompletas, ao passo que o agente privado, seja pela sua experiência no setor, seja pela qualidade do seu time ou dos recursos tecnológicos à mão, dispõe de instrumental informacional suficiente para comprometer as melhores intenções daquele (o agente público). Em específico, a inaptidão do agente público em enxergar variantes e possibilidades autoriza que o agente privado soterre alternativas a ele desfavoráveis e refute plausivelmente — ao menos para quem não é escolado no assunto —alternativas indesejadas suscitadas ao longo das tratativas, inclinando a negociação em favor de seus interesses que podem passar ao largo dos melhores interesses públicos passíveis de alcance pela via do acordo.

No particular tratamento da regulação, há bibliografia considerável sobre a assimetria informacional que, *mutatis mutandis*, autoriza nítido aproveitamento para a sustentação das ideias acima alinhadas. Por todos, Richard Revesz:

> "A questão que permanece, portanto, é quando podemos esperar que existam diferenças significativas nas informações entre particulares e órgãos reguladores. E a resposta é que as partes privadas geralmente devem gozar de uma vantagem inerente ao conhecimento. Afinal, eles são os que se envolvem e obtêm benefícios de suas atividades; em consequência, eles estão em uma posição naturalmente superior para estimar a natureza dos riscos criados e os custos de sua redução. Para um regulador, obter informações comparáveis frequentemente exigiria observação continua do comportamento das partes e, portanto, seria uma impossibilidade prática"[63].

[63] *"The question that remains, therefore, is when we can expect significant diferences in information between private parties and regulators to exist. And the answer is that private parties should generally enjoy an inherent advantage in knowledge. They, after all, are the ones who are engaging in and deriving benefits from their activities; in consequence, they are in a naturally superior position to estimate the nature of the risks created and the costs of their reduction. For a regulator to obtain comparable information would often require continuous observation of parties' behavior, and thus would be a practical impossibility".* (REVESZ, Richard L. **Foundations of Environmental Law and Policy**. LexisNexis. 1996. P. 165-166)

À vista, portanto, de um potencial descompasso informacional, sua consideração deve ser mais um ingrediente na cesta de cuidados do administrador público ao se lançar para a alternativa consensual, na forma de acordo com agentes privados.

2.3. Tensões com Isonomia

O Direito tem a vocação da generalidade e, por isso, parte da afirmação de uma igualdade essencial entre os indivíduos, desprezando o acidental, que os desiguala. É da expressão de que todos são iguais perante a lei, disposta no *caput* do art. 5º da Constituição, que se obriga ao Estado atuar à luz de uma linearidade, abdicando os privilégios por uma boa dose de contenção. Quando o art. 37 da Constituição Federal imputa sua observação pela administração pública, o que se pretende é "proscrever qualquer tratamento diferenciado entre os administrados, que não se fundamente em lei prévia"[64]. Portanto, se idênticas situações de fato merecem o mesmo tratamento, a conclusão reflexa é a de que discriminação, tudo mais igual, não é, *prima facie*, um valor recepcionado pela Carta Política, nomeadamente no espectro de atuação da administração pública.

O poder público, quando firma um acordo administrativo, quer substitutivo, quer integrativo, está a estabelecer um precedente. Isto é, todo aquele que se veja em conflito (ou em potencial conflito) com a administração pública na mesma situação ou em outra muito similar terá, em tese, o pleno direito de buscar para si a mesma solução, por decorrência da isonomia. Em razão disso, antes de firmar com um particular determinado acordo, é necessário que o Poder Público averigue se o conflito, incerteza jurídica ou irregularidade em questão é uma situação individualizada ou algo repetitivo, em que outros agentes privados se enquadram. Com efeito, deve levar isto em conta não apenas por pressupor sua responsabilidade de firmar o mesmo acordo com particulares em situações semelhantes, como também para verificar se será viável, técnica e financeiramente, o cumprimento de tais acordos com os demais.

[64] MOREIRA NETO, Diogo Figueiredo. **Curso de Direito Administrativo**, 12ª. Edição, Rio de Janeiro: Forense, 2002. p. 91.

A visão acima parte dos olhos da administração. Ao cambiar para a perspectiva do particular, o cenário de perseguição da isonomia se acirra. Isto porque, recentemente, foi editada a Medida Provisória (MP) nº 881/2019, transformada na Lei nº 13.874/19, com o objetivo de fornecer elementos para o aprofundamento da compreensão da livre-iniciativa, um dos valores fundantes da ordem econômica brasileira (cf. art. 170 da CF). Ao estabelecer diversas garantias para a plena efetividade da referida livre-iniciativa, a Lei nº 13.874/19 traz no seu art. 3º, inc. IV[65] texto que reafirma a necessidade de tratamento isonômico de órgão e de entidades da administração pública quanto ao exercício de atos de liberação da atividade econômica. Assim, este dispositivo acaba por, finalisticamente, escandir ainda mais a aplicação das considerações pontuadas no parágrafo anterior, sob pena de malferimento da ordem legal estabelecida, com reflexos indenizatórios em favor do particular, inclusive.

Sem prejuízo de outros microssistemas jurídicos ou sociais, a percepção da presença de (ou falta de) isonomia possui especial relevo na atividade concorrencial quando diante da consensualidade administrativa-decisória. Endossar a prática sem se aperceber das desvantagens é, como já afirmamos, temerário, para não dizer ilegal. Antes de qualquer investida objetivando o acordo com repercussão concorrencial, se recomenda a consideração de quatro pontos levantados por Andrew Popper[66]. Primeiro, deve se sopesar que sistemas consensuais podem ser um terreno fértil para as piores formas de conspiração direcionadas à contravenção

[65] "Art. 3º São direitos de toda pessoa, natural ou jurídica, essenciais para o desenvolvimento e o crescimento econômicos do País, observado o disposto no parágrafo único do art. 170 da Constituição: [...] IV - **receber tratamento isonômico de órgãos e de entidades da administração pública quanto ao exercício de atos de liberação da atividade econômica**, hipótese em que o ato de liberação estará vinculado aos mesmos critérios de interpretação adotados em decisões administrativas análogas anteriores, observado o disposto em regulamento; [...]". (grifou-se)

[66] POPPER, Andrew F. **An Administrative Law Perspective on Consensual Decisionmaking**. Administrative Law Review, Vol. 35, nº 3 (Summer 1983), American Bar Association, pp. 255-318. p. 255-256. O mesmo autor, se remete às recomendações adotadas pela "Administrative Conference of the United States (ACUS – June, 1982)" ao afirmar que: "*In deciding whether to use consensus process, the agency should consider the likelihood that 'consensus process... would limit output, raise prices, restrict entry, or otherwise establish or support unreasonable restrains on competition'*". (Id. p. 286)

da legislação antitruste. Segundo, a abertura dos sistemas consensuais pode autorizar o abuso e a conseguinte criação de sérias distinções de poder no mesmo ambiente de mercado. Terceiro, ao se aplicar programas consensuais específicos, autorizados pela legislação, um grande cuidado deve ser tomado para garantir que os pulverizados centros de decisão da administração pública sigam as políticas públicas que deram ensejo às suas criações, de modo a evitar vieses e distorções decisórias. Quarto, a consensualidade requer que sejam repensadas as noções básicas do que é justo. Afinal, pela transação se está a substituir um modelo estabelecido que regrou o acesso ao mercado de diversos *players*, o qual passa a ser vulnerável a brutais edições.

O grande desafio — sob os mais variados prismas subjetivos que se possa analisar — continua a ser a aquilatação da similitude das situações postas sob o escrutínio do agente público. Nem sempre ela é objetiva ou clara, afinal pequenas distinções podem importar em resultados verdadeiramente antagônicos, afora o fato de que o decurso do tempo, e suas intempéries, são capazes de transformar necessidades e utilidades públicas, com reflexos imediatos frente à intervenção sobre a atividade privada[67]. Sim, como Posner alerta, é verdade que "às vezes circunstâncias

[67] Em sentido similar, Floriano defende o quanto segue: "A ninguém é dado desconhecer que a atividade administrativa, muita vez, acaba por atender interesses privados. Assim é em diversos exemplos tomados ao acaso. Quando, na realização da atividade fomentadora, a Administração pública estabelece algum incentivo fiscal ou alguma proteção tarifária. Está obviamente a favorecer os atores privados envolvidos neste setor empresarial favorecido. Isto apenas não implica em beneficiamento ou em iniquidade qualquer. Tal procedimento é plenamente legítimo desde que o ato da Administração tenha motivação embasada em interesse público transcendente (proteção da indústria nacional, preservação de postos de trabalho, criação de tecnologia própria etc.). Dizemos tudo isto para deixar bem fixado que o simples fato da atividade administrativa acarretar benefícios e proveitos indiretos extensivos a apenas alguns administrados não torna inquinados de nulidade nem faz imorais os atos do poder público. Afinal, como a atividade da Administração Pública não se realiza estanquemente, se desdobrando dentro do mundo da vida, os seus reflexos atingem diferentemente os administrados" (MARQUES NETO, Floriano de Azevedo. **A Possibilidade de Restrição de Acesso a Bens Públicos de Uso Comum por Questões Ambientais e Urbanísticas**. Revista de Direito Administrativo. Rio de Janeiro, 235, p. 273-297, Jan./Mar. 2004. p. 281. Disponível em: http://bibliotecadigital.fgv.br/ojs/index.php/rda/article/view/45138 Acesso em: 05/04/2019.

específicas do caso dominam completamente o processo decisório"[68], mas uma grande questão subjacente continua indefinida no particular dos acordos administrativos, a saber: quando este tipo de caso específico realmente ocorre?

2.4. Tensões com Economicidade

Há searas em que o Estado dificilmente alcança os propósitos desejados se não consegue convencer o cidadão de que a norma de conduta requer concretização. Esse convencimento é facilitado quando, no lugar da subordinação, adota-se a parceria e se incorpora o pluralismo heterogêneo de interesses na complexa relação jurídico-administrativa. Além disso, ocorre a simplificação administrativa que pode resultar, pelo modo consensual de agir, em economia de custos na estrutura orgânica do Estado.

O argumento acima é comumente reiterado entre aqueles que defendem a consensualidade e reflexivamente os acordos administrativos, mas pode não ser tão verdadeiro assim. No detalhe, considerando que os acordos administrativos abrem espaço para a conformação de conteúdo da decisão administrativa, é relevante saber se esta abertura para crescentes hipóteses de aplicação é necessariamente vantajosa economicamente falando.

Numa aproximação, de conteúdo generalizante, sobre as escolhas disponíveis à mão de qualquer agente responsável por tomada de decisão, Gerald Dworkin[69] examina uma assunção chave: a visão de que para o indivíduo racional, mais escolhas são sempre preferíveis ao cenário com menos possibilidades. Em verdade, ele contesta esta máxima genérica do quanto mais melhor, quando o assunto é a quantidade de escolhas viáveis[70].

[68] "[...] sometimes case-specific circunstances will completely dominate the decisional process". (POSNER, Richard A. **Legal Pragmatism.** 71 University of Chicago Law Review 683 (2004). p. 151)

[69] DWORKIN, Gerald. **Is more choice better than less?**. *In*: The Theory and Practice of Autonomy. Cambridge: CUP, 1988. p. 62-84.

[70] O autor também contesta a tese de que cada escolha teria um valor intrínseco, pelo que quanto mais escolhas, mais valor. Nas suas palavras, se isto é verdade — que escolhas possuem um valor em virtude de apenas ser uma escolha —, então mais escolhas deveriam significar mais valor. Ocorre que este silogismo não se prova sempre verdadeiro, bastando para tanto mencionar que a escolha de deter um filho seria boa e, então, necessariamente a de ter dois

Para tanto, recorre aos avanços da recente literatura econômica, no particular do conceito de custos de transação[71], cujos contornos denunciam que o aumento e perpetuação de várias formas de troca não são menos custosas, o que possui impactos na alocação de recursos mais eficiente. Valendo-se deste exato sentido, aponta que fazer escolhas não é uma atividade sem custos, assim compreendidos como aqueles não necessariamente monetizáveis. Se há custos de aquisição de informações relevantes para se fazer escolhas razoáveis, se há também os custos com tempo e esforço para se fazer a escolha, e se há, por fim, o custo psicológico de se ter feito a escolha (responsabilidade pela escolha), não se pode assumir que quanto mais escolhas, melhor.

E ainda é possível ir além. Partindo da presunção de que as relações administrativas pela chave do comando e controle se pautam na crença do efeito simbólico da sanção, isto é, pelo efeito inibidor que projeta sobre o desalinho da conduta do administrado frente à prescrição legal, celebrar acordos em série pode incutir a crença de que a sanção não é tão aflitiva como faz pressupor. Mais objetivamente: o efeito "ameaça" fica reduzido. E, ainda que se argumente que a sanção não deve ser a única resposta a cenários infracionais, se bem observado, isto pode representar um custo efetivo a ser considerado, até que se retome o pulso do realinhamento pela administração pública.

Sem prejuízo, a vida prática tem denunciado que sérios esforços dirigidos à confecção de acordos são, ocasionalmente, em vão. Neste sentir, é emblemático o caso do termo de ajustamento de conduta (TAC) em negociação entre a ANATEL e a denominada Telefônica. O acordo se predispunha a, via consenso, converter substancial quantia em multas aplicadas pela autoridade reguladora por investimentos no setor. Após longa negociação, sucedida pela intervenção do Tribunal de Contas da União no ajuste — que ensejou o acórdão nº 2.121/17, tido como *leading*

seria ainda melhor. A depender das convicções próprias de cada um, isto não é sempre verdadeiro. O que, em verdade, possui um valor intrínseco não é deter escolhas, mas ser reconhecido como alguém que possa fazer escolhas. E que fique claro: o fato de ser intrinsicamente melhor ser um indivíduo que toma decisões não significa que haverá sempre uma melhora quando se possui mais escolhas. *Enough is enough*. (Ibid. p. 80)

[71] Por todos os autores e escritos sobre custos de transação, fazemos remissão ao seminal artigo "*The Problem of Social Cost*" de Ronald Coase (COASE, Ronald H. **The Problem of Social Cost**. The Journal of Law & Economics. Volume III, Oct. 1960).

case da consensualidade —, no dia 9 de março de 2018, a Telefônica desistiu de celebrar o TAC com a ANATEL, fazendo todos os esforços públicos[72] investidos na confecção do ajuste se esvaírem com remotíssimas possibilidades de recomposição ao Erário Público.

2.5. Tensões com *Accountability*

Falta de *accountability* não é uma característica necessária dos acordos administrativos. As mesmas normas que constrangem aprioristicamente qualquer administrador público nas mais distintas atividades continuam a lhes afligir quando encaminham determinada demanda administrativa de modo concertado com o particular.

O problema chave da análise vinculada ou *accountability* é, todavia, identificar os distintos níveis de dificuldade de controle da atividade exercida entre o atuar sob a legalidade estrita e atuar por meio de acordo. Muito embora a fiscalização, sob o pálio da legalidade estrita, também possua suas dificuldades, a exemplo do que ocorre diante de uma atuação pautada em normas de conteúdos abertos, pelos acordos administrativos o problema parece alcançar um nível de complexidade substancialmente maior.

Forte nos fundamentos desenvolvidos no Capítulo 1 sobre o pragmatismo e o "neoconstitucionalismo", é possível identificar que boa parte dos acordos são peças contextualizadas, livres de dogmas ou formatos regrados, desenhados sob a mensuração de consequências (sujeitas a prognoses nem tão confiáveis; e/ou ranqueadas a partir de critérios nem tão claros) e fruto de uma atuação senão *contra legem*, ao menos *praeter legem*. Não há, outrossim, apenas variação de aplicação dos acordos administrativos em setores distintos, mas "Mesmo um tipo específico de acordo administrativo detém, por vezes, funcionalidades diversas muito em razão da negociação envolvida para estabelecimento dos termos do pacto"[73].

[72] "Na verdade, toda atividade estatal envolve custos" (CYRINO, André. **Delegações Legislativas, Regulamentos e Administração Pública**. Belo Horizonte: Fórum, 2018. p. 227).

[73] PALMA, Juliana Bonacorsi de. **Acordos Substitutivos Dão Mais Eficácia ao Direito da Concorrência?**. *In*: Direito da Regulação e Políticas Públicas. Carlos Ari Sundfeld e André Rosilho (Organizadores). São Paulo: Malheiros, 2014. p. 186 – 239 (p. 188).

Deste quadro, infere-se o acirramento de dificuldades do controlador para identificar eventuais usos inapropriados deste amplo ferramental. A questão, portanto, não é apenas coerente com o aumento de custos para a administração pública, o que mereceria enquadramento no tensionamento com a economicidade. Mas principalmente com a aferição da legitimidade de um sem número de atos, praticados sob uma variabilidade incalculável, a evocar, inclusive, uma segunda ordem de problemas, nomeadamente a incapacidade dos órgãos fiscalizatórios estabelecidos de dar cabo desta extrema demanda.

Na esteira dos demais tensionamentos, o apelo aqui também não é meramente intuitivo. Doutrinariamente, Posner já observou que "mais informação pode não apenas fazer o procedimento mais custoso mas também criar mais incerteza e, como resultado, mais variação no resultado". E continua: "incerteza também torna mais difícil de monitorar a performance do juiz ou outro regulador para certificar se ele é competente e honesto"[74]. Sem prejuízo, sob às luzes da prática, o TCU — inobstante se desbordando de suas funções ou não — deixou claro, no bojo do acórdão nº 2.121/17, cujo objeto foi a análise Termo de Ajustamento de Conduta em vias de ser celebrado entre Telefônica e ANATEL, a vastíssima quantidade de detalhamentos que mereceu observação e avaliação pelo tribunal antes de se alcançar o veredicto final.

Ao que tudo indica, quando em compasso com os acordos administrativos, o *accountability* administrativo se torna consideravelmente mais penoso, merecendo ser, pois, mais um elemento a ser sopesado frente à potencial eficiência dos ajustes para lidar com parte dos temas submetidos ao crivo da administração pública.

2.6. Tensões com Separação dos Poderes

Montesquieu, no capítulo VI do Livro IX de O Espírito das Leis, expõe que "Há, em cada Estado, três espécies de poderes: o Poder Legislativo, o Poder Executivo das coisas que dependem dos direitos das gentes, e o Executivo das que dependem do direito civil". E prossegue: "*Pelo primeiro,*

[74] "*More information can not only make a proceeding more costly but also create more uncertainty and as a result more variance in outcome; uncertainty also makes it more difficult to monitor the performance of the judge or other regulator to make sure he's competent and honest*". (POSNER, Richard A. **Economic Analysis of Law**. Aspen Publishers. Ninth Edition. 2014. p. 495)

o príncipe ou magistrado faz leis por certo tempo ou para sempre e corrige ou ab-roga as que estão feitas. Pelo segundo, estabelece a segurança e previne invasões. Pelo terceiro, pune os crimes ou julga as querelas dos indivíduos"[75]. Não se cogita uma efetiva separação de poderes, mas uma distinção entre eles que reclama um clima de equilíbrio de atuação.

Na análise do modelo proposto por Montesquieu é lugar comum o argumento voltado para uma classificação a partir de funções, forte da premissa de que não há nada de tão estanque, por exemplo, no Legislativo que não o permita exercer funções executivas ou jurisdicional, e assim sucessivamente. Logo, ao nos referirmos ao tensionamento em pauta, nem tanto esboçamos grande preocupação com o fato do Executivo afligir — numa situação excepcional em favor de um consenso — um programa legal, previamente assentado pelo legislativo, na medida em que o argumento poderia ser acomodado dentro da aludida leitura funcional dos Poderes. Em verdade, o que traduz uma crise em potencial[76] é em qual medida tudo isto é conduzido.

Segundo o atual formato policêntrico da administração pública brasileira, assumimos três cuidados elementares na condução dos procedimentos de escolha sob o rótulo da dualidade entre consensualidade e separação de poderes, cujo status é canônico em nosso regime democrático. São eles: 1) deverá sempre haver uma função do valor que estiver em jogo no caso concreto e da capacidade dos atores institucionais de atender às demandas por meio de decisões mais plausíveis, seguras e provocadoras de estabilidade; 2) consectariamente, os diferentes centros de poder — estabelecidos dentro de um mesmo Poder ou mesmo em outro Poder — com habilitações sobrepostas para influenciar na tomada de decisão deverão sempre que possível atuar em coordenação[77]; e 3) a legitimidade

[75] MONTESQUIEU. **O Espírito das Leis** (Coleção Os Pensadores). Vol. XXI, trad. De Fernando Henrique Cardoso e Leôncio Martins Rodrigues. São Paulo: Editor Victor Civita. p. 42.

[76] E, por vezes, também real, a exemplo da declaração do então Presidente da Câmara dos Deputados, para quem: "É inconcebível MP fechar delação e leniência fixando destinação de valores, diz Maia". Disponível em: https://jota.us8.list-manage.com/track/click?u=4911ce1e520f5bf26dd891c79&id=2b59ed0862&e=0672b31291 Acesso em: 10.08.2019.

[77] Sob a coordenação do STF, em 06 de agosto de 2020, a Controladoria Geral da União, a Advocacia-Geral da União, o Tribunal de Contas da União e o Ministério da Justiça e Cidadania, firmaram Acordo de Cooperação Técnica em matéria de combate à corrupção, especialmente

democrática de se insular múltiplos centros com poderes para decidir e controlar políticas não pode ser tamanha a ponto de instaurar, mais cedo ou mais tarde, fricções agudas entre os Poderes, sobretudo pela vontade dos representantes do povo ser reiteradamente subjugada pela vontade de alguns específicos administradores públicos que se lançam a decidir, pela via consensual, por vezes às custas, ainda que em parte, de um programa legal autoritativo previamente concebido[78].

quanto à celebração de acordos de leniência. Disponível em: http://www.stf.jus.br/arquivo/cms/noticiaNoticiaStf/anexo/Acordo6agosto.pdf Acesso em: 29/09/2020.

[78] Bruce Ackerman em seu conhecido enfrentamento ao tradicional modelo de Montesquieu não deixa de expor duas ordens de problemas centrais que acometem as estruturas do que denomina uma "nova separação de poder" segundo os novos e independentes centros de poder. Veja-se: "*I have explored other aspects of the new separation of powers elsewhere (Ackerman, 2000). But for now, it is enough to note a couple of obvious issues. First, the question of coordination: the more power-centers we insulate from the classic political and judicial institutions, the greater the problem we have in coordinating the proliferating number of separated powers into a coherent whole. Second, the question of democratic legitimacy: if we go too far in insulating too many branches from direct political control, we may deprive the democratic process of its central significance — leaving elected representatives of the people at the mercy of independent central bankers, and others, who are insulated from their direct control*". (ACKERMAN, Bruce. **Comparative Administrative Law**, 2010. P. 130. Disponível em: https://books.google.com.br/books?id=a5faj90ZPBoC&printsec=frontcover&hl=pt-BR#v=onepage&q&f=false Acesso em: 28.08.2019)

3.
O Art. 26 da LINDB: Natureza, Abrangência e Operacionalização

3.1. Natureza Jurídica dos Acordos Administrativos

Qualquer que seja o caminho adotado na tarefa de identificação da natureza jurídica dos acordos administrativos vincados no art. 26 da LINDB fará merecer adaptações nos clássicos conceitos de direito público. Afinal, a própria consensualidade é medida que não se compraz na imperatividade administrativa — pedra ainda fundamental das relações marcadas pelo viés publicista. É consabido que os tradicionais institutos a permear a atividade administrativista foram concebidos nos idos do final do século XIX e início do século XX, realidade não só distante temporalmente, como também incompatível com a complexidade e dinamismo que orbitam no entorno das relações humanas neste quase quinto de século XXI.

Ainda assim, a abordagem há de ser reputada de relevo, de modo a identificar o que é determinante, normativamente, para a operacionalização do dispositivo em análise. Neste quadrante, como boa parte das questões que se debruçam sobre identificação da natureza jurídica de um instituto, há opiniões para todos os lados, por vezes incompatíveis. Há inclusive, aqueles que optam por pragmaticamente ultrapassar a polêmica, como Juliana Palma e Sérgio Guerra, para quem "a LINDB parece ter tentado suplantar essa questão por meio da disciplina regulamentar suficiente, que afastaria a necessidade de aplicação subsidiária de normas outras que não as processuais administrativas"[79].

Sem averiguar, por ora, o conteúdo das opiniões doutrinárias havidas no entorno da classificação, o que nos parece ser essencial, neste particular da definição da natureza jurídica dos acordos administrativos celebrados entre particulares e administração na forma do art. 26 da LINDB, é manter a análise não de forma unívoca, mas compatível com as diversidades havidas entre acordos administrativos substitutivos e integrativos. Conquanto ambos sejam resultados de ajustes de vontades, gestados segundo um processo, importa focar, para efeitos da definição da natureza, naquilo que passam ser a partir da efetiva concepção para o mundo jurídico, isto é, a assinatura.

Iniciando pelos *acordos substitutivos*, há aqueles que defendem deterem natureza de negócio jurídico privado[80]. E os esforços são múltiplos para domesticar as variações inatas de regramentos públicos e privados[81], a começar pela objeção do art. 841 do Código Civil[82] que, *in casu*, merece ser lido conjuntamente ao art. 104 do mesmo *Codex*[83]. Contrariamente ao que ocorre no Direito Civil, em que tanto a celebração de negócios jurídicos,

[79] GUERRA, Sérgio; e PALMA, Juliana B. **Art. 26 da LINDB. Novo regime jurídico de negociação com a Administração Pública.** *In:* Rev. Direito Administrativo, Rio de Janeiro, Edição Especial: Direito Público na Lei de Introdução às Normas de Direito Brasileiro – LINDB, p. 135-169, nov. 2018. p. 149. Disponível em: http://bibliotecadigital.fgv.br/ojs/index.php/rda/article/view/77653 Acesso em: 10/01/2019.

[80] Quem promove a melhor defesa deste flanco de ideias é: CARDOSO, David Pereira. **Os acordos substitutivos no Direito Administrativo. Negócio jurídico privado, contrato de direito público ou ato administrativo bilateral?.** *Revista de Direito Público da Economia – RDPE,* Belo Horizonte, ano 13, n. 49, p. 59-77, jan./mar. 2015, p. 71.

[81] Almiro do Couto e Silva reconhece a dificuldade em definir as novas formas de interações bilaterais que envolvam a Administração que, "ora se identificam com o contrato [de direito privado], sem, no entanto, com ele se confundir, dada a incidência de princípios de direito público". Aos olhos daquele, cuja análise parte de uma consensualidade em sentido amplo, mesmo porque inexistente o art. 26 da LINDB há época dos seus escritos retro mencionados, os ajustes com a Administração Pública não seriam, rigorosamente, negócios jurídicos de direito privado, muito embora estivessem bem próximos disto. (COUTO E SILVA, **Almiro do. Problemas jurídicos do planejamento**. *Revista da PGE do Rio Grande do Sul,* Porto Alegre, n. 27, p. 139, 2003).

[82] "Art. 841. Só quanto a direitos patrimoniais de caráter privado se permite a transação".

[83] "Art. 104. A validade do negócio jurídico requer: I - agente capaz; II - objeto lícito, possível, determinado ou determinável; III - forma prescrita ou não defesa em lei".

e a novação desses negócios, se sucede sob a égide, via de regra[84], da livre formação de vontades, no Direito Público ainda vige um sistema em que o rol das normas imperativas é extenso.

Noutro quadrante, há aqueles que defendem a atividade conciliatória da administração para acordos substitutivos (ou ajustamento de conduta) como contrato administrativo. Assim, afirma Rodrigo Fernandes que "o ajustamento de conduta responde satisfatoriamente à natureza jurídica de contrato administrativo típico"[85]. Contudo, dado que o art. 2º da Lei 8.666/92 define contrato administrativo como "todo e qualquer ajuste, entre órgãos ou entidades da administração e particulares, em que haja um acordo de vontades *para formação de um vínculo* com obrigações recíprocas", há dificuldades também em assumir que, ao se substituir uma penalidade, se está formando um novo vínculo quando este, em verdade, já existia e está somente sendo remodelado.

Há ainda quem sustente que os acordos administrativos estariam mais próximos de um ato administrativo unilateral. Quem capitania esta vertente de ideias é Vasco Dias Pereira da Silva, ao defender, na essência, até mesmo a desnecessidade de da criação de uma nova categoria de ato administrativo, na medida em que os acordos celebrados pela administração pública não seriam capazes de pôr em causa a sua natureza essencialmente unilateral[86]. Mas se é claro que negociação há, a virtude da melhor classificação talvez não esteja com estes que rimam, para efeitos desta classificação, o atributo da imperatividade do ato administrativo com a consensualidade enquanto acordo administrativo que, ao menos

[84] Mesmo no campo privado, Clóvis V. Do Couto e Silva, desde a década de 60, já alertava para uma certa moderação da liberdade nas transações com direitos desta seara (privada), ao estatuir que de que: "Modernamente, o Estado possui funções de formador subsidiário do meio econômico e social, exarando normas que se dirigem à planificação de certas atividades dos particulares, em determinados momentos, e editando, por vezes, legislação marginal ao fenômeno sociológico do mercado. No desempenho dessas prerrogativas, derivadas do conceito de Estado social, praticam-se atos *iure imperii*, destinados a alterar e ajustar os negócios privados, afeiçoando-os à política governamental". (COUTO E SILVA, Clóvis V. do Couto. **A Obrigação como Processo**. Rio de Janeiro: FGV Editora, 2007. p. 29)

[85] FERNANDES, Rodrigo. **Compromisso de ajustamento de conduta ambiental**. Rio de Janeiro: Renovar, 2008,
p. 77-78.

[86] SILVA, Vasco Pereira da. **Em busca do acto administrativo perdido**. Coimbra: Almedina, 1998, p. 474.

nos acordos substitutivos, faz pressupor necessariamente a abdicação de uma posição mais rígida.

Como se vê, o dilema da definição da natureza dos acordos substitutivos encontra-se na real dificuldade deles se amoldarem com facilidade às categorias tradicionais do direito. Assim, independentemente da solução adotada, será sempre necessário promover algumas adaptações nos conceitos tradicionais para que possam se ajustar a essa nova realidade dialógica[87]. Dentre todas as possibilidades apresentadas pela doutrina, a que se posta, ao nosso ver, mais coerente é aquela conferida por Floriano Marques, para quem "os acordos substitutivos têm natureza jurídica de negócio jurídico processualizado, permeado pelo consenso, que deve ser praticado com base em juízos pragmáticos e prospectivos"[88], nos termos da própria LINDB, nomeadamente de seu artigo 20.

No mesmo sentido, a Portaria nº 742/2018 do Ministério da Fazenda[89] para disciplinar os critérios para equacionamento de débitos em sede de execução fiscal, se dirige aos acordos como *negócio jurídico processual*. Sem prejuízo, Vitor Schirato e Juliana Palma aduzem que "se o processo consiste no local de desenvolvimento dos diálogos e conflitos que servem de transferência das demandas sociais ao corpo político, os instrumentos consensuais de tomada de decisões e de composição de conflitos constituem efetivos atos de natureza processual"[90]. Ainda segundo alegam, esta seria a razão explicativa da preferência do estudo dos mesmos pela ótica processual.

[87] CARDSO, David Pereira. **Os acordos substitutivos no Direito Administrativo. Negócio jurídico privado, contrato de direito público ou ato administrativo bilateral?.** *Revista de Direito Público da Economia – RDPE*, Belo Horizonte, ano 13, n. 49, p. 59-77, jan./mar. 2015, p. 74-75.

[88] MARQUES NETO, Floriano de Azevedo; FREITAS, Rafael Véras de. **Comentários à Lei nº 13.655/2018. (Lei da Segurança para a inovação Pública)**. Belo Horizonte: Fórum. 2019, p. 107.

[89] "Art. 1º. Esta Portaria estabelece os critérios para celebração de Negócio Jurídico Processual (NJP) no âmbito da Procuradoria-Geral da Fazenda Nacional, para fins de equacionamento de débitos inscritos em dívida ativa da União".

[90] SCHIRATO, Vitor Rhein; PALMA, Juliana Bornacorsi de. **Consenso e legalidade: vinculação da atividade administrativa consensual ao direito**. Revista Brasileira de Direito Público – RBDP, Belo Horizonte, ano 7, n. 27, out./dez. 2009.

Pelos *acordos integrativos*, que não abdicam do viés processual acima (ao contrário, abraçam), se identifica campo propício para superação de divergências interpretativas da legislação e experimentalismo responsável. Os acordos integrativos se sucedem quando a incerteza jurídica sobre a aplicação do direito remanesce ou mesmo quando seja objeto de situação contenciosa (o particular entende ser possível o desenvolvimento de determinada atividade e a administração opõe-se). Na prática, levam as partes ao experimentalismo, quando então assumem a natureza de *autorização administrativa temporária e processualizada*, emitidas pelo Estado após percorrer procedimento com capacidade de explorar a aptidão da atividade para os virtuosos propósitos que objetiva mediante o alinhamento de interesses num acordo, conquanto ainda remanesça margem de risco ou mesmo incerteza em relação aos resultados alvitrados, o que é amenizado pela temporariedade da medida.

3.2. Limitações à Abrangência dos Acordos Administrativos a partir do Art. 26 da LINDB

Antes da década de 1980, decisões administrativas decorrentes de ato ou contrato administrativo, não podiam ser objeto de transação. Ocorre que a experiência prática noticiou aos agentes envolvidos com a operacionalização do direito administrativo a necessidade de adaptabilidade sob determinadas condições, ante a complexidade e dinamismo das necessidades a serem atendidas.

Aos poucos foi se criando a convicção de que formas rígidas da função de polícia asfixiavam o próprio interesse público sob tutela, pelo que vias alternativas mereciam ser consideradas a fim de prevenir a surgência de resultados inferiores[91]. Sob as luzes desta inteligência, a primeira das normas brasileiras que favoreceu o diálogo em detrimento da imposição,

[91] Sob a validade de adoção de técnicas consensuais de polícia, José Vicente Santos de Mendonça observa que: "Não vemos nenhuma contradição entre tais técnicas (consensuais) e polícia administrativa. E a explicação é simples: o exercício do poder de polícia, como qualquer limitação de direitos, far-se-á conforme a máxima da proporcionalidade, a qual inclui a ideia de necessidade, ideia que, por sua vez, pode, entre outras alternativas, eventualmente sugerir a adoção de uma solução consensual como meio menos restritivo dos direitos fundamentais dos particulares afetados pela medida em consideração". (MENDONÇA, José Vicente de. **Direito Constitucional Econômico: A intervenção do estado na economia à luz da razão pública e do pragmatismo**. 2ª ed. Belo Horizonte: Fórum, 2018. p. 282).

na busca pelo melhor interesse coletivo, foi a Lei nº 6.938, de 31 de agosto de 1981, conhecida como a Lei da Política Nacional do Meio Ambiente. A partir dela, os órgãos ambientais passaram a poder, por disposição expressa, lançar mão de medidas compensatórias para suprir sanções administrativas.

Subsequentemente, outras normas foram introduzidas para atribuir à administração pública a competência para substituir suas decisões unilaterais para acordos. Com maior destaque, erigiu-se o art. 5º, § 6º da Lei da Ação Civil Pública (Lei nº 7.347/1985), cujos termos foram criados pelo advento do Código de Defesa do Consumidor, em 1990. Segundo prescreve o este dispositivo, "*Os órgãos públicos legitimados poderão tomar dos interessados compromisso de ajustamento de sua conduta às exigências legais, mediante cominações, que terá eficácia de título executivo extrajudicial*". Eis aí o fundamento para a celebração dos conhecidos TAC (Termos de Ajustamento de Conduta) e, para alguns autores, o lugar em que reside a cláusula genérica ou "fundamento alternativo"[92] para a celebração de acordos substitutivos.

Entretanto, embora largamente defendido como um permissivo genérico, fato é que o dispositivo era frágil para assumir esta condição. A consequência: insegurança jurídica desde a origem ao se transacionar, à exceção das hipóteses com autorização legal expressa e específica. Com a sobrevinda do art. 26 da LINDB, em boa parte, foi soterrada a dúvida sobre a possibilidade de a administração pública acordar e celebrar compromissos — fora dos aludidos microssistemas legais que já contemplavam esta via consensual. Em específico, o art. 26, forte no § 3º do art. 37 da CF[93] — verdadeiro fundamento jurídico para que o legislador crie métodos participativos no âmbito decisório — criou um novo regime jurídico geral que autoriza o administrador público a promover negociações com particulares, visando dar cabo de irregularidade, incerteza jurídica e situações contenciosas, inclusive no caso de expedição de licença.

92 SUNDFELD, Carlos Ari; CÂMARA, Jacinto S. D. de Arruda. **Acordos Substitutivos nas Sanções Regulatórias**. Revista de Direito Público da Economia - RDPE, Vol. 9, 34, 2011.

93 "§ 3º A lei disciplinará as formas de participação do usuário na administração pública direta e indireta (...)"

Mas nem tudo foi equalizado com a edição da norma em cotejo. Questões vincadas na extensão da aplicação objetiva e substancial merecem cuidados especiais.

3.2.1. Debates sobre as contingências objetivas da aplicação

No ensejo específico da extensão da aplicação objetiva do dispositivo, três questões objetivas erigem-se muito presentes. São elas: **1.** quando a legislação prevê apenas o sancionamento, é dizer, sem abrir a via consensual como alternativa, é possível acordar à luz do art. 26 da LINDB?; **2.** quando a legislação rechaça textualmente a via dialógica, como ocorria com o § 1º do art. 17 da Lei de Improbidade Administrativa (Lei nº 8.429/1992)[94], é possível superar esta restrição em prestígio à novel peça de lei regradora da atividade Administrativa consensual?; e **3.** quando a legislação específica prevê a possibilidade de acordar, o art. 26 deve ser utilizado?

3.2.1.1 Quando a legislação prevê apenas o sancionamento, sem abrir a via consensual como alternativa, é possível acordar à luz do art. 26 da LINDB?

No endereçamento desta primeira questão, o art. 26 da LINDB parece ter, em verdade, remediado a questão. Afinal, pelos próprios elementos do seu texto, dúvidas não parecem existir quanto à sua aplicação deveras abrangente. Logo, se a norma não previu solução alternativa à prescrição sancionatória, mas também não a vedou, o compromisso previsto no art. 26 da LINDB, com mérito, supera a dúvida jurídica sobre a permissividade da via que, agora, é tão objetiva quanto patente.

3.2.1.2. Quando a legislação rechaça textualmente a via dialógica é possível superar esta restrição em prestígio à novel peça de lei regradora da atividade Administrativa consensual?

Nem tão clara, contudo, é a resposta à segunda indagação. A celeuma já chegou ao Superior Tribunal de Justiça, no ensejo da antiga redação do

[94] "Art. 17. A ação principal, que terá o rito ordinário, será proposta pelo Ministério Público ou pela pessoa jurídica interessada, dentro de trinta dias da efetivação da medida cautelar. § 1º É vedada a transação, acordo ou conciliação nas ações de que trata o caput".

§ 1º do art. 17 da Lei de Improbidade Administrativa (Lei nº 8.429/1992)[95], e mesmo após a alteração deste dispositivo parece não estar apaziguada. Veja-se que, embora o questionamento em referência tenha se resumido, ao menos no âmbito do STJ, ao tratamento do § 1º do art. 17 da Lei nº 8.429/1992 (Lei de Improbidade Administrativa - LIA), a função dele derivada é muito mais abrangente: saber se é possível superar restrição expressa à transação administrativa em prestígio à novel peça de lei regradora da atividade Administrativa consensual (art. 26 da LINDB).

De um lado, em favor de possibilidade de se transigir sobre o objeto de uma controvérsia calcada em improbidade administrativa, vozes proclamavam, mesmo antes da alteração do § 1º art. 17 da Lei nº 8.429/1992, que a autorização legislativa dada pelo art. 26 da LINDB suplantaria a vedação expressa até então existente na dita regra. A compreensão seria a de que:

> "a juízo da instância administrativa ou controladora legitimada, uma vez presentes os condicionamentos exigidos pela lei, o artigo 26 da LINDB autoria a firmação de termos de ajustamento de conduta pelos órgãos legitimados (aqueles constantes do artigo 5º, § 6º da Lei nº 7.347/85), tanto nos inquéritos civis e disciplinares quanto nas ações de improbidade administrativa"[96].

Em orientação diversa, a 1ª Turma do Superior Tribunal de Justiça, por meio de voto relatado pelo ministro Sérgio Kukina, grassava o entendimento, ainda sob as luzes da antiga redação do § 1º art. 17 da Lei nº 8.429/1992, pela salvaguarda da especialidade da Lei nº 8.429/1992 sobre o art. 26 da LINDB, razão pela qual haveria de prevalecer a restrição de transacionar sobre ilícitos que envolvam improbidade administrativa. Adiante, a forma como o STJ externa tal posição:

[95] "Art. 17. A ação principal, que terá o rito ordinário, será proposta pelo Ministério Público ou pela pessoa jurídica interessada, dentro de trinta dias da efetivação da medida cautelar. § 1º É vedada a transação, acordo ou conciliação nas ações de que trata o caput".

[96] FERRAZ, Luciano. **Controle e Consensualidade. Fundamentos para o controle consensual da Administração Pública (TAG, TAC, SUSPAD, acordos de leniência, acordos substitutivos e instrumentos afins).** Belo Horizonte: Fórum, 2019. 175.

1. Prevalece em nosso sistema jurídico o princípio da especialidade, segundo o qual, diante de um eventual conflito aparente entre normas, a lei especial deverá prevalecer em relação à norma geral. Precedentes: AgRg no REsp 1.359.182/RJ, Rel. Ministro HUMBERTO MARTINS, SEGUNDA TURMA, DJe 10/06/2013; AgRg no Ag 1.327.071/SP, Rel. Ministro BENEDITO GONÇALVES, PRIMEIRA TURMA, DJe 08/04/2011.

2. Conforme Ato Declaratório do Presidente da Mesa do Congresso Nacional nº 27, de 30/05/2016, publicado no DOU de 31/05/2016, a MP 703, de 18/12/2015, publicada no DOU de 21/12/2015, teve seu prazo de vigência encerrado no dia 29/05/2016, o que importou no restabelecimento da vigência do art. 17, § 1º, da Lei 8.429/1992, que veda a transação, acordo ou conciliação nas ações de improbidade administrativa.

3. **É inviável o acolhimento do pedido de suspensão do processo, a fim de que sejam buscados os meios de compensação da conduta ímproba praticada, à luz da Lei 13.655/2018, uma vez que deve prevalecer a regra especial contida no art. 17, § 1º, da Lei 8.429/1992.**

4. Na forma da jurisprudência do STJ, "tratando-se de ação de improbidade administrativa, cujo interesse público tutelado é de natureza indisponível, o acordo entre a municipalidade (autor) e os particulares (réus) não tem o condão de conduzir à extinção do feito, porque aplicável as disposições da Lei 8.429/1992, normal especial que veda expressamente a possibilidade de transação, acordo ou conciliação nos processos que tramitam sob a sua égide (art. 17, § 1º, da LIA). (REsp 1.217.554/SP, Rel. Ministra ELIANA CALMON, SEGUNDA TURMA, DJe 22/08/2013)[97].

De posse destas visões, nos parecia claro, até a alteração normativa retro anunciada, que a razão estava com o STJ. Nesta investigação, foi avaliado que: as normas em aparente conflito estavam situadas no mesmo plano hierárquico, pelo que não haveria razão para se cogitar solução calcada no critério hermenêutico da hierarquia; pelo critério cronológico, verificava-se que a LINDB (2018) foi editada posteriormente à denominada LIA (1992), donde se poderia extrair a prevalência da primeira sobre a segunda; pelo critério da *lex specialis*, a lei especial em sobreposição à da lei geral sempre que o caso concreto se conformar com ambas as

[97] Resp nº 1.654.462/MT, DJe 14.06.2018.

prescrições, o que, neste caso, recomendaria a prevalência da LIA sobre a LINDB sob as luzes do antigo § 1º do art. 17.

Como se vê, o caso era, pois, de um conflito próprio, na proporção em que dois critérios hermenêuticos se contradizem: o da cronologia e o da especialidade. Neste caso, conforme observa Mário Luiz Delgado, em se tratando de antinomias jurídicas próprias ou antinomias reais, a doutrina concebeu outros critérios de solução, os chamados metacritérios. Havendo conflito entre os critérios entre os critérios cronológico e da especialidade, a solução de daria através da meta-regra *lex posteriori generalis non derogat priori speciali*[98]. Em verdade, é isto que diz o § 2º do art. 2º da própria LINDB[99]. Forte nestes elementos, no entanto, resta ainda saber se, de fato, a LIA poderia ser considerada especial em detrimento da LINDB.

Segundo Francisco Amaral, normas comuns ou gerais são as que se aplicam a um determinado sistema de relações, como, por exemplo, as de direito civil. Normas especiais, a seu turno, são as que se aplicam a certas relações jurídicas de direito comum, regulando-as diversamente, a exemplo do que ocorre com o direito do consumidor. O direito especial afasta-se das regras de direito comum e destina-se a classes especiais de pessoas, coisas e relações. Enquanto o direito comum destina-se a regular a realidade jurídica e social considerada em sua totalidade, o direito especial forma-se de normas que se destinam a determinadas relações. E complementa: "*Direito comum e direito especial não são contrários. Este desenvolve os princípios daquele, sendo o direito comum supletivo do especial. O direito civil é o direito privado comum, supletivo da legislação civil complementar*"[100].

Com efeito, as impressões sobre o caráter abrangente da LINDB têm lugar desde a própria noção introdutória da qual jamais poderia abdicar pela sua própria ementa, ao passo que a LIA, para os efeitos da análise sob enfoque, revelava condicionamento de conduta restrita ao campo de ação daquele que ofende a administração pública por meio de ato improbo e tão só. Adicionalmente, contribui para a sustentação desta vereda de

[98] DELGADO, Mário Luiz. **Conflito entre as leis de falências e de locações: como resolver?.** Disponível em: https://www.conjur.com.br/2015-fev-23/conflito-entre-leis-falencias-locacoes-resolver Acesso em: 05/09/2019.

[99] "§ 2º A lei nova, que estabeleça disposições gerais ou especiais a par das já existentes, não revoga nem modifica a lei anterior".

[100] AMARAL, Francisco. **Direito Civil: Introdução.** 6. ed. Rio de Janeiro: Renovar, 2006, p. 81-82.

análise o próprio texto do art. 26 da LINDB que descreve preocupação com sua aplicação desde que "*observada a legislação aplicável*". Na prática, o que o art. 26 da LINDB quer dizer, ao anunciar a referida observação, é que, dentre outras coisas, não há espaço para ceifar do legislador o direito de optar por não autorizar a celebração de acordos em casos específicos, mais caros ao interesse público, em harmonia com o § 2º do art. 2º da própria LINDB[101].

Assim é que, na disputa até então havida, a razão parecia ser daqueles que seguiam a linha externada pelo STJ sobre a prevalência do então § 1º art. 17 da Lei nº 8.429/1992, fazendo-se, pois, prevalecer a inviabilidade, vista de modo mais generalizante, de se acordar nas questões em que a legislação específica tenha definido a impossibilidade da administração transigir, sejam elas correlacionadas a um direito indisponível ou não.

No específico particular da LIA, mais detalhadamente de sua alteração ocorrida ao final do ano de 2019 pela Lei 13.964/2019, sucedeu-se, contudo, uma reviravolta. Com a introdução do novo § 1º do art. 17 houve uma substituição do que antes era uma vedação expressa para uma alteração expressa assim textualizada: "*§ 1º As ações de que trata este artigo admitem a celebração de acordo de não persecução cível, nos termos desta Lei*". Com isso, alterou-se radicalmente a trajetória de raciocínio e conclusões com espeque nesta norma. Agora consta uma autorização para acordos de não persecução cível e nenhuma oposição em relação aos acordos de natureza administrativa.

Resultado: no particular da transação cível a viabilidade é inequívoca. A cogitação de aplicação do art. 26 da LINDB para os casos de transação de índole administrativa correlacionadas ao tratamento de improbidades passa a também ser, ao nosso sentir, viável, na medida em que não mais existe norma específica e expressa contrária a este curso de ação.

3.2.1.3. Quando a legislação específica prevê a possibilidade de acordar, o art. 26 deve ser utilizado?

Superadas as duas primeiras, chega-se à terceira questão: "3. quando a legislação específica prevê a possibilidade de acordar, o art. 26 da LINDB deve ser utilizado?". Pois bem, com a escalada para a consensualidade

[101] "§ 2º A lei nova, que estabeleça disposições gerais ou especiais a par das já existentes, não revoga nem modifica a lei anterior".

a partir da década de 90, surgiram diversas disposições legais com a pretensão de dar tratamento ao assunto, a exemplo dos TACs anteriormente mencionados, compromissos celebrados perante as agências reguladoras, acordos no âmbito das empresas Estatais (art. 72 da Lei nº 13.303/2016[102]), acordos sobre matéria tributária (art. 171 do Código Tributário Nacional - CTN[103]), sem prejuízo de uma miríade de novas leis locais (*v.g.*: Lei nº 8.532/2017 de Blumenau — SC). Seguindo a linha de raciocínio planificada para o endereçamento da pergunta de número 2, em especial a máxima "*lex posteriori generalis non derogat priori speciali*", mantemos a convicção de que há de se guardar deferência à legislação específica, em respeito às características próprias de cada nicho. Isto, contudo, não significa que os novos contornos apresentados pelo art. 26 da LINDB não possam ser aproveitados, no todo ou em parte.

3.2.2. Debates sobre as contingências materiais da aplicação

Sem prejuízo do exposto, duas outras ordens de problemas — estas vincadas no *mérito* propriamente dito da transação — também se correlacionam ao alcance da aplicação do art. 26 da LINDB. Uma delas trata-se de questão um tanto superada, correlacionada à denominada indisponibilidade do interesse público. Na prática, tem-se que a Lei nº 6.938/81, ao legislar sobre a política nacional do meio ambiente, isto é, sobre interesse público altamente sensível e caro à sociedade, desde sua edição, em 1981, já conferia aos órgãos ambientais a possibilidade se valer de medidas compensatórias em substituição aos clássicos tipos de sanções administrativas.

A importância da LINDB, neste aspecto, foi o de sepultar "*qualquer ordem de discussão sobre a tal 'indisponibilidade do interesse público' e o decorrente entendimento esposado por parte (minoritária) da doutrina no sentido de que os assuntos públicos são indisponíveis*"[104]. Qualquer prerrogativa pública pode

[102] "Art. 72. Os contratos regidos por esta Lei somente poderão ser alterados por acordo entre as partes, vedando-se ajuste que resulte em violação da obrigação de licitar".

[103] "Art. 171. A lei pode facultar, nas condições que estabeleça, aos sujeitos ativo e passivo da obrigação tributária celebrar transação que, mediante concessões mútuas, importe em determinação de litígio e conseqüente extinção de crédito tributário. Parágrafo único. A lei indicará a autoridade competente para autorizar a transação em cada caso."

[104] GUERRA, Sérgio; e PALMA, Juliana B. **Art. 26 da LINDB. Novo regime jurídico de negociação com a Administração Pública.** *In:* Rev. Direito Administrativo, Rio de Janeiro,

ser objeto de transação (*e.g.*, a prerrogativa sancionatória, fiscalizatória ou adjudicatória), desde que não haja lei expressa em sentido contrário.

Na essência, a celebração de acordos não implica renúncia ao exercício de competências nem omissão no desempenho de poderes. Trata-se apenas de uma via alternativa procedimental para se alcançar a decisão administrativa final que será expressão, da mesma forma que o exercício regular de uma aplicação normativa no seu modo mais regular, do interesse público ao caso em concreto. São as contingências do caso concreto atreladas à ação do administrador público na estruturação da razão que poderão indicar situações em que o interesse público será realizado de modo diferente daquele textualizado ou indicado como regular, mas não a via dialógica em si, de modo que qualquer assunção *ex ante* de vilipendio de direitos indisponíveis não merece guarida. Veja-se que a discussão sequer cogita o não *exercício* direitos indisponíveis, o que se contraporia à abdicação de direitos — teoricamente ilegal por si —, mas simplesmente de realizá-los de modo mais eficiente segundo as específicas contingências verificadas em determinada(s) circunstência(s).

O outro problema correlacionado ao mérito do compromisso viceja do veto do inc. II do § 1º do art. 26 da LINDB. Explicamos: o mencionado inc. II pontuava que a administração "*poderá envolver transação quanto a sanções e créditos relativos ao passado e, ainda, o estabelecimento de regime de transição*". Tento o inciso sido vetado, será, então, que reflexamente a possibilidade de qualquer transação sobre fatos qualificados como tal estaria sepultada? Pelas razões do veto, a indicação é de que a resposta deve ser afirmativa. Na motivação da recusa afirma-se que a elaboração de compromisso com os interessados "*não pode, em respeito ao princípio da reserva legal, transacionar a respeito de sanções e créditos relativos ao tempo pretérito e imputados em decorrência de lei*". E acrescenta: "*Ademais, poderia representar estímulo indevido ao não cumprimento das respectivas sanções, visando posterior transação*".

Certo é que o veto (e suas razões) do inciso II do § 1º do art. 26 da LINDB são praticamente ignorados, ao se celebrar o art. 26 da LINDB como um permissivo genérico para a celebração dos acordos, sem prever restrições quanto ao seu avanço sobre as exatas questões aventadas no

Edição Especial: Direito Público na Lei de Introdução às Normas de Direito Brasileiro – LINDB, p. 135-169, nov. 2018. p. 150. Disponível em: http://bibliotecadigital.fgv.br/ojs/index.php/rda/article/view/77653 Acesso em: 10/01/2019.

aludido inciso vetado. E os doutrinadores que assim caminham parecem estar com a razão. Se bem observado, o conteúdo deste inc. II mais era uma redundância do que uma necessidade ante a abrangência declamada no *caput* do art. 26 da LINDB. Ainda que se repute verdadeira a máxima de que "*Enquanto na administração particular é lícito fazer tudo que a lei não proíbe, na administração pública só é permitido fazer o que a lei autoriza*"[105], fato é que o *caput* do art. 26 da LINDB, por ser aberto, tanto autoriza como não restringe o seu vasto campo gravitacional de incidência, outorgando este papel para a legislação esparsa quando anuncia que os acordos devem ser realizados *desde que* "*observada a legislação aplicável*".

3.3. Decomposição do Art. 26 da LINDB

3.3.1. Noções Introdutórias

Do discurso entusiasmado sobre os acordos se dessume uma série de assunções que apontam para a vantajosidade da medida em comparação à sua hipótese rival, representada pela aplicação da lei na sua expressão mais fria, fruto de um agir imperativo, vincado no comando e controle, sem maiores contornos pragmáticos.

É recorrente a defesa de que a instrumentalização do Direito Administrativo Econômico às finalidades constitucionais e legais se associa com a sua preferencial consensualidade, reservando o sentido de que, em regra, "a adoção de uma medida por consenso é mais eficiente que se adotada unilateral e coercitivamente, já que tem maiores chances de ser efetivada na prática e gera menos riscos de externanalidades negativas"[106]. De través, segundo este discurso, a via dialógica atenderia,

[105] MEIRELLES, Hely Lopes. **Direito Administrativo Brasileiro**. 30. Ed. São Paulo: Malheiros, 2005, p. 27.

[106] ARAGÃO, Alexandre Santos de. **A consensualidade no Direito Administrativo. Acordos regulatórios e contratos administrativos.** Revista de Informação Legislativa. Brasília a. 42 n. 167 jul./set. 2005, p. 294. Disponível em https://www12.senado.leg.br/ril/edicoes/42/167/ril_v42_n167_p293.pdf. Acesso em 30.09.2019. Mas o autor também observa, com percuciência, que "Não desconhecemos que as diretrizes propugnadas de instrumentalidade, consensualidade, intersistematicidade e reticularidade do Direito Administrativo Econômico geram alguns riscos para a sociedade, principalmente em países que, como o nosso, têm um triste histórico de cooptação dos poderes estatais pelo poder econômico. (...)A adoção de meio diverso do formalmente previsto em lei só pode ser levada a cabo quando o juízo de que atende melhor aos objetivos legais se encontrar em uma zona de certeza positiva, ou seja, se

numa inferência quase automática, o dever de eficiência prescrito no art. 37 da Constituição, introduzido pela emenda Constitucional nº 19/98, que vincula a atuação daqueles que exercem funções administrativas a um determinado modo de realização das atividades públicas, marcado pela necessidade de manter a máquina estatal funcionando numa linha que produza os melhores resultados, à míngua de recursos ilimitados ou, mais precisamente para o caso brasileiro, suficientes.

Conquanto o grande entusiasmo perante a consensualidade (e pragmatismo) tenha sido questionado nos capítulos 1 e 2 desta dissertação, cumpre neste oportuno averiguar se o art. 26 da LINDB é capaz de entregar tudo aquilo que aqueles mais animados com as potencialidades dos acordos administrativos prometem, ou melhor, anseiam. No detalhe, se é verdade que, de um lado, os administradores públicos e administrados podem criar direitos, obrigações e outros efeitos jurídicos através de um acordo administrativo, de outro, esta verdadeira fonte jurídica de deveres e obrigações não pode entrar a funcionar, dentro do ordenamento como um todo, sem qualquer regulamentação, sob pena sérios riscos à estabilidade do sistema. Mais especificamente, se se permite à vontade humana fixar, em alguma escala, o conteúdo da declaração, e se os efeitos são imputados à declaração segundo o seu conteúdo, a grande medida parece ser tentar evitar que ocorram declarações decorrentes de vontades débeis[107] que possam impactar negativamente naquilo que se convencionou chamar de interesse público[108], ou, para ser mais coerente com a redação do dispositivo, "interesse geral".

estiver fora de dúvidas que o meio não previsto expressamente em lei atende melhor aos seus objetivos. Se houver juízos razoáveis (mesmo que não unânimes) de que o meio previsto na lei poderia ser igualmente eficiente do ponto de vista do atendimento aos interesses públicos alvejados, ela deverá ser prestigiada". (Ibid. p. 297-298)

[107] Antônio Junqueira de Azevedo faz esta análise ao tratar de negócios jurídicos no campo privado, onde a margem de conformação (autonomia) dos agentes é consideravelmente superior àquelas à mão do administrador público. Confira-se: AZEVEDO, Antônio Junqueira de. **Negócio Jurídico. Existência, Validade e Eficácia.** São Paulo: Saraiva, 2010, 4ª ed., p. 42.

[108] Para Diogo de Figueiredo Moreira Neto, interesses públicos são "interesses gerais que a sociedade comete ao Estado para que ele os satisfaça, através de ação política juridicamente embasada (a dicção do Direito) e através de ação jurídica politicamente fundada (a execução administrativa ou judiciária do Direito)" (MOREIRA, NETO, Diogo de Figueiredo. **Legitimidade e Discricionariedade - Novas Reflexões sobre os Limites e o Controle da Discricionariedade.** Rio de Janeiro: Forense, 2002, p. 13). Sem negar esta acepção, Gustavo

Assim, é preciso aferir se do mosaico de palavras do art. 26 da LINDB, bem assim das normas que dogmaticamente lhe conferem suplementação, há suficiência para não apenas evitar, em boa medida, os cenários de abuso e, mais decisivamente, entregar a suposta superioridade da via dialógica atualmente tão exaltada por parte dos acadêmicos que se debruçam sobre o Direito Administrativo. Não se pressupõe aqui, até porque não seria condigno com a boa doutrina que cuidadosamente enaltece a via consensual, a existência de uma única resposta correta entre um *set* de escolhas cujas opções se resumem à imperatividade ou consensualidade, mormente quando considerada certa dose de risco ou incerteza em *juízos prospectivos*. Mais a fundo, tampouco se pressupõe que pela via consensual exista apenas uma solução satisfatória, pois isto seria uma busca, se alcançável, altamente custosa para se detalhar, quando considerados os inúmeros, dinâmicos e complexos casos que a administração pública é convocada a decidir.

Em verdade, para todo o procedimento de realização das finalidades jurídicas que o administrador é instado a se manifestar em tom decisório, este deve considerar as vias principais e as eventuais vias vicinais. Contudo, se, da imperatividade, já se sabe que há um imanente mínimo racional que lhe subjaz, na proporção em que, presumivelmente, em algum nível, houve a estruturação da escolha legiferante (e ainda que isto não exista, sobra ao menos uma aplicação potencialmente linear, compulsória e isonômica do excerto legal, a partir de um critério de interpretação mais formalista do seu texto), da consensualidade a assunção é a de que este mínimo não necessariamente se verifica, dada a sua expressão substitutiva (ou potencialmente substitutiva — quando ainda não há sanção aplicada em definitivo) do texto legal (ou da letra do contrato) ou criativa (para

Binenbjom afirma que "o interesse público comporta, desde a sua configuração constitucional, uma imbricação entre interesses difusos da coletividade e interesses individuais e particulares, não se podendo estabelecer a prevalência teórica e antecipada de uns sobre outros". E prossegue: "Com efeito, a aferição do interesse prevalecente em um dado confronto de interesses é procedimento que reconduz o administrador público à interpretação do sistema de ponderações estabelecido na Constituição e na lei, e, via de regra, o obriga a realizar seu próprio juízo ponderativo, guiado pelo dever de proporcionalidade". (BINENBOJM, Gustavo. **Da Supremacia do Interesse Público ao Dever de Proporcionalidade: um Novo Paradigma para o Direito Administrativo.** *In*: Revista de Direito Administrativo. Rio de Janeiro, 239: 1-31, Jan/Mar. 2005, p. 20)

o caso dos acordos integrativos), isto é, *antifundacionalista* em alguma medida.

Ou será que, na prática, os elementos enfeixados no art. 26 da LINDB e legislação correlata formam contenção hábil a edificar escolhas decisórias[109] dotadas de um racional capaz de suprir em boa parte as ditas vontades viciadas e ainda atender, eventualmente, a depender do *contexto*, as demandas públicas com maior proeminência?

No propósito de responder a tal indagação e, ao mesmo tempo, aquilatar a viabilidade de uma aplicação efetiva e estável do art. 26 da LINDB, capaz de estabilizar as relações jurídicas, sem correr o risco de fazer do remédio um veneno, importa acautelar-se dos elementos que dão contornos à sua aplicação. Neste quadrante, a busca é por tornar a sua operacionalização, de forma responsável e qualificada, tanto mais abrangente possível. Nesta vereda, nada mais elementar, até mesmo para facilitar a exposição dos sentidos dos termos organizados no dispositivo, do que principiarmos pela atenção ao seu texto, adiante reproduzido:

> Art. 26. Para eliminar irregularidade, incerteza jurídica ou situação contenciosa na aplicação do direito público, inclusive no caso de expedição de licença, a autoridade administrativa poderá, após oitiva do órgão jurídico e, quando for o caso, após realização de consulta pública, e presentes razões de relevante interesse geral, celebrar compromisso com os interessados, observada a legislação aplicável, o qual só produzirá efeitos a partir de sua publicação oficial.
>
> § 1º O compromisso referido no *caput* deste artigo:
>
> I – buscará solução jurídica proporcional, equânime, eficiente e compatível com os interesses gerais;
>
> II – (VETADO);

[109] Dissemos "escolhas decisórias" no plural, e não no singular, porque, como afirma Fernando Leal, "(...) o cenário multifacetado marcado pela contingência dos eventos e pela pluralidade de soluções satisfatórias não hierarquizáveis torna sem sentido a existência e busca por uma única resposta". (LEAL, Fernando. **Propostas para uma abordagem teórico-metodológica do dever constitucional de eficiência**. Revista Eletrônica de Direito Administrativo Econômico. Nº 15 – ago./set./out. 2008. Salvador. Disponível em: https://bibliotecadigital.fgv.br/dspace/bitstream/handle/10438/24278/Propostas_para_uma_abordagem_teorico-met.pdf. Acesso em: 02.10.2019)

III – não poderá conferir desoneração permanente de dever ou condicionamento de direito reconhecidos por orientação geral;

IV – deverá prever com clareza as obrigações das partes, o prazo para seu cumprimento e as sanções aplicáveis em caso de descumprimento.

§ 2º (VETADO).

3.3.2. Objetivos: Eliminar Irregularidade, Incerteza ou Situação Contenciosa na Aplicação do Direito

O primeiro passo para análise dos três objetivos — eliminar irregularidade, incerteza ou situação contenciosa — é a fixação da correlação de ambos com a expressão "*na aplicação do direito*". Mas além da constatação de que a *aplicação do direito* deve ser lida como o vértice de compreensão de todos os três objetivos, deve-se assumir que quem aplica o direito administrativo é, via de regra, a autoridade com poderes para administrar. As funções administrativas do Estado (serviço público, fomento, poder de polícia e regulação) relacionam-se com a "aplicação do direito" *pelo agente competente*, que, mais precisamente, indica "a atividade de editar um ato para disciplinar uma situação concreta, tendo por fundamento as normas de hierarquia mais elevada"[110].

No específico trato da eliminação da "irregularidade", é bem de ver que sua hipótese tem curso quando há a constatação de que a produção de um ato administrativo com efeitos sobre particulares carece de conformidade com a lei. Para equalizar tal situação, bastaria, em tese, que a administração recorresse ao poder de polícia (o mais nuclear meio de alinhamento de condutas sob o jugo da administração pública), aplicando as nulidades e sanções desejáveis à luz da legislação de regência que, a depender do conteúdo, podem até mesmo importar no fim de uma atividade, de um contrato, dentre outras variações. Se assim obrasse, deveria a administração também cumprir os compromissos que avultam do art. 21 da LINDB. Mas há uma rota alternativa, ofertada pelo art. 26 da LINDB. No exato particular do objetivo de *eliminar irregularidade* na aplicação

[110] JUSTEN FILHO, Marçal. **Art. 20 LINDB: Dever de Transparência, concretude e proporcionalidade nas decisões públicas.** *In:* Rev. Direito Administrativo, Rio de Janeiro, Edição Especial: Direito Público na Lei de Introdução às Normas de Direito Brasileiro – LINDB, p. 135-169, nov. 2018. p. 151. Disponível em: http://bibliotecadigital.fgv.br/ojs/index.php/rda/article/view/77653. Acesso em: 12/10/2019.

do direito por meio dos acordos administrativos, segundo o aludido art. 26 da LINDB, o que se quer expressar é que a administração, pelo diálogo, deve exercitar-se, sob determinadas condicionantes, para sanear, convalidar e assumir compromissos no ensejo do seu atuar enquanto aplicadora da lei. Dito diversamente, há uma propensão a se reconhecer, ainda que o ato administrativo seja nulo, valor em determinadas soluções, antes inflexivelmente inaproveitáveis, ao menos sob as lentes do mundo jurídico.

Para um preciso dimensionamento da expressão "*eliminar irregularidade na aplicação do direito*", é preciso nos remetermos ao passado. Desde 1990, é válido o compromisso de ajustamento em casos de danos e nulidades gravíssimas, tuteladas pela Lei de Ação Civil Pública. Em 1999, a Lei de Processo Administrativo determinou que a administração, sempre que possível, convalide seus atos ao invés de os tornar nulos. Também a Lei de Controle de Constitucionalidade definiu que, "em vista razões de segurança jurídica ou de excepcional interesse social", o STF pode restringir os efeitos da declaração e, desta maneira, preservar atos praticados à luz da legislação inconstitucional[111].

Boa parte do racional por detrás destas medidas é, pois, o de que as nulidades na aplicação do direito administrativo não mais são tão absolutas e podem, sim, gerar algum direito a depender da situação, em especial quando o particular confia, de boa-fé, na administração e na estabilidade de seus atos. Sob as luzes destes entendimentos, o dispositivo afirma a plausibilidade de se superar evento, *a priori*, hostil à atividade administrativa medrada na letra da lei ou contrato, por meio de remédio outro que não aqueles mais amargos nesses prescritos. Este é, em específico, um dos campos de ação dos denominados *acordos substitutivos*. Através deles, o que mais avulta é a necessidade de se obrar para, senão remediar por completo, ao menos para minimizar os efeitos deletérios passados e futuros vinculados à conduta.

Outro objetivo do art. 26 da LINDB é a *eliminação de "situação contenciosa"*. Sua diferença para a *eliminação de irregularidade* reside no fato de que, na primeira, há pretensões resistidas entre o administrado e o

[111] MOREIRA, Egon B. **Súmula 473: é hora de dizer adeus: Ela cumpriu seu papel, mas hoje traz problemas**. Disponível em: https://www.jota.info/opiniao-e-analise/colunas/publicistas/sumula-473-e-hora-de-dizer-adeus-01102019. Acesso em: 23/11/2019.

administrador, pouco importando se assentadas ou não em procedimento administrativo ou judicial contraditados. Mais a fundo, a "situação contenciosa" poderá permanecer mesmo depois de, em já tendo sido instaurado algum procedimento, prolatada decisão definitiva sobre o assunto versado nos autos (de processo administrativo ou judicial), bastando que não tenha ocorrido o cumprimento da obrigação imposta ao vencido, o que levaria a uma preclusão lógica, com força para não eternizar conflitos.

Essa última afirmação sobre a plausibilidade de celebração dos acordos após o trânsito em julgado (administrativo ou judicial) poderia suscitar dúvida quanto à vantajosidade da medida. Esta dúvida, contudo, pode ser facilmente dirimida a partir do poder de barganha na confecção dos acordos. Naturalmente, uma situação potencialmente adversa, o que seria representada tanto pela mera pretensão resistida ou pela pretensão resistida em procedimento já instaurado — sem, contudo, decisão final editada —, se difere sobremaneira de um outra efetivamente adversa, já sacramentada por crivo decisório sancionador, judicial ou administrativo, notadamente quando presente o conseguinte poder adjudicatório. Se no primeiro cenário a administração ainda padece de incertezas, tornando-se mais permeável a acordar, na segunda, a permeabilidade se reduz, a traduzir numa baixa propensão tanto em acordar como em flexibilizar posições.

Neste ensejo, importa observar que a literatura sobre negociação catalogou três elementos básicos nesta presentes: "informação, tempo e poder"[112]. Se, como oportunamente já dito, pelo poder extroverso é possível identificar, mesmo na consensualidade, uma certa superioridade da administração pública (leia-se: poder), pela existência de uma decisão definitiva se garante, ademais, outra vantagem. Afinal, "*Quem dispõe de uma informação completa pode desenhar uma melhor estratégia ou tomar decisão com grande margem de ação*"[113]. Desta forma, para além da inexistência de objeção textual no art. 26 da LINDB à solução de controvérsias transitadas em julgado pela via dos acordos, é bem de ver que há elementos de técnica de negociação que qualificam a possibilidade, pela percepção de

[112] RÍOS, Aníbal Sierralta. **Negociação e Teoria dos Jogos**. Tradução Ricardo Serrano Osorio. São Paulo: Editora Revista dos Tribunais, 2017. p. 44.
[113] *Ibid.* p. 44.

que o trânsito se concebe apenas como mais um elemento informacional a compor a barganha.

O meio para estruturação dos acordos vocacionados a superar situação contenciosa também é, via de regra, o *acordo substitutivo* que, neste caso, guarda um contorno muito próprio representado pela desnecessidade de assunção de responsabilidades sobre o objeto da contenda — a não ser que tais responsabilidades tenham sido objeto de decisão judicial definitiva e ainda não cumprida —, além do seu efeito terminativo sobre o processo sancionador em curso ou potencial. Adicionalmente, de forma similar ao que ocorre nos *acordos substitutivos correlacionados à eliminação de irregularidades na aplicação do direito*, a prescrição de execução de medidas aptas a minimizar de pronto os efeitos da conduta potencialmente incompatível (ou invariavelmente incompatível, caso já tenha ocorrido o trânsito em julgado da *quaestio*) com o ordenamento jurídico erigem-se como altamente recomendáveis para constar no bojo do *acordo substitutivo para eliminar situação contenciosa.*

Sem prejuízo, a situação contenciosa também pode decorrer de entendimentos díspares entre administração pública e particular sobre, por exemplo, a autorização (e não o sancionamento) do exercício de determinada atividade econômica, sendo, neste caso, terreno para os acordos integrativos. Isto se sucede de duas formas: o particular pode reivindicar que a aplicação de textos legais vigentes contrários à atividade já não mais espelham a evolução da sociedade que, agora, tem demandada por determinada inovadora atividade (não prevista ao tempo da edição da norma que lhe veda), enquanto que a administração, vinculada à lei, custa a abdicar de uma aplicação normativa no seu sentido mais mecanicista; ou mesmo pela divergente interpretação de conceitos jurídicos indeterminados. Veja-se que, nestes casos, já há posições formatadas e pretensões resistidas, o que a difere da eliminação de incerteza jurídica adiante endereçada.

A *eliminação de "incerteza jurídica"*, em específico, se alinha com a aplicação de conceitos jurídicos indeterminados, valores e princípios, mas que, neste particular de incerteza jurídica, ainda não gozam de definição, pela administração pública, sobre a abrangência da incidência normativa. É que tais conceitos, ao mesmo tempo que possuem um núcleo preciso de significado — *donde se pode identificar uma zona de certeza positiva (o que é certo que ele é), dentro da qual não existe dúvida acerca da utilização da palavra ou expressão que o designa, e uma zona de certeza negativa (o que é certo que ele não é), em que igualmente, inexistiria dúvida acerca de sua utilização, só que para excluir sua incidência* —, também exibem um halo periférico, uma zona de penumbra, na qual o administrador e administrado, dada as extensas e difusas margens de interpretação possíveis, não sabem com precisão e de antemão o tratamento a ser aplicado quando vier à tona o caso concreto[114].

A matriz jurídica mais presente no ordenamento jurídico brasileiro está alicerçada em um pensamento restrito ao binômio legal/ilegal, como se fosse possível em toda e qualquer circunstância determinar previamente se a atividade é ou não uma infração. A dúvida que se manifesta em alguns casos práticos na vida jurídica passa exatamente pelo inverso. Mais objetivamente, há situações em que uma zona cinzenta se manifesta, uma dimensão de incerteza se revela quanto à existência ou não de uma infração sobre determinada conduta tomada ou a ser executada. Tanto o potencial infrator quanto o Órgão Público (incluído o Controlador) podem estar em uma situação de incerteza quanto à ocorrência da própria infração. Nos casos de situações de incerteza tão intensas, se justifica a atuação no formato de composição, que, sem desamparar a tutela do interesse geral, não poderá sujeitar a pessoa jurídica ou física a um direito punitivo descoberto a pós-fato[115].

Por este feixe de características, donde despontam dificuldades de nítida subsunção, quer pela própria opacidade imanente ao conceito, quer pela sobrevinda de inovações não imediatamente contempladas pela legislação, o chamado para a superação das incertezas se opera por meio de *acordos integrativos*. Nestes ajustes, a finalidade maior reside na obtenção de um pronunciamento concreto sobre o objeto da dúvida, sem substituir o ato final. A vocação mais peculiar é de viabilizar, ainda que provisoriamente[116], o avançar do particular por caminhos de autorização

[114] BINENBOJM, Gustavo. **Uma teoria do direito administrativo: Direitos Fundamentais, Democracia e Constitucionalização.** 3ª Ed. Rio de Janeiro: Renovar, 2014. p. 233-235.

[115] KOKKE, Marcelo; PAULA, Frederico Rios. **Acordos substitutivos de multa ambiental: implicações da Lei n. 13.655/2018. Redefinindo os limites da transação no processo sancionador ambiental**. Disponível em: https://www.jota.info/opiniao-e-analise/artigos/acordos-substitutivos-de-multa-ambiental-implicacoes-da-lei-n-13-655-2018-07072019. Acesso em: 02.10.2019.

[116] Inclusive, nestes acordos provisórios é possível cogitar a possibilidade de prescrição de cláusulas que prevejam a ocorrência de autorizações tácitas que convolem o objeto do acordo

incerta. Em verdade, é até mesmo possível imaginar que os *acordos integrativos* possam funcionar como um mecanismo regulatório à mão do agente público, baseado em experimentalismo estruturado, que permite, dentro do contexto de acelerado ritmo inovador e crescente complexidade tecnológica, fomentar inovação e competitividade, ao mesmo tempo em que pode manter protegidas a estabilidade e o equilíbrio das relações, tanto no que diz respeito ao particular que diretamente se relaciona com a administração pública, como quanto os demais afetados por aquela relação.

Por fim, de modo a conferir cobertura a todo o texto do art. 26 da LINDB, esclarecemos que, quando se diz, logo após a menção aos três objetivos (*i.e.* eliminar irregularidade, incerteza jurídica ou situação contenciosa) da regra, "inclusive no caso de expedição de licença", há um investimento em uma clara redundância, mas necessária diante dúvidas no entorno dos acordos administrativos que até o advento da LINDB não dispunham de uma via bem pavimentada no particular de sua extensão. Com isso, o que se espera é que não haja resquício de dúvida sobre a hipótese de incidência da regra, alimentando-se a certeza de que pode subsumir-se tanto a casos de exercício de escolhas discricionárias como também de escolhas vinculadas, sendo a "licença" o exemplo acadêmico mais eloquente de ilustração destas últimas que, na prática, são as mais caras para se transigir, vez que mais delimitado o é o *modus operandi* do administrador.

provisório em definitivo, caso a Administração não se oponha à continuidade da atividade após findo o arranjo inicial. Naturalmente, isto somente será possível se (i) o Administrado tiver atendido a todos os termos do regime provisório, sem a ocorrência de externalidades com força de redundar em restrições a direitos de terceiros não previstas, ou melhor, consideradas inicialmente; (ii) os efeitos sejam benéficos para o Administrado-acordante; (iii) não houver manifestação anterior da Administração Pública negando a continuidade do negócio; e (iv) ter ocorrido o transcurso do prazo previamente fixado no acordo que estabeleceu as bases da relação então provisória. (Para uma melhor compreensão das autorizações fictícias no âmbito do direito brasileiro, remetemos o leitor ao seguinte artigo: MARRARA, Thiago. **A "autorização fictícia" no direito administrativo**. Revista de Direito Administrativo. Volume 251 – maio/agosto 2009. FGV Direito Rio. p. 201-211).

3.3.3. Requisitos formais: oitiva prévia do órgão jurídico; presença de relevante interesse geral; consulta pública prévia; descrição das obrigações das partes; descrição do prazo para o seu cumprimento; descrição das sanções pelo descumprimento e impossibilidade de desoneração permanente; e publicação oficial

A celebração de um acordo administrativo não pode prescindir de alguns requisitos formais elencados no corpo do art. 26 da LINDB. De facultativo, dentre tantos, apenas a consulta pública porque a norma deixa escapar a expressão "quando for o caso" antes de anunciá-la. Mas não é possível principiar a análise pelas denominadas "consultas públicas", não apenas por um capricho com a ordem de exigências do dispositivo, mas principalmente com o sentido que esta ordem faz capitar. Explicamos:

Após extravasar os objetos a ensejar a via alternativa dos acordos (a anterior remissão à palavra "alternativa" não é à toa, pois o dispositivo informa que a autoridade administrativa "poderá" celebrar compromissos), a letra do artigo descreve a necessidade de prévia oitiva do órgão jurídico. Nesta fase, o que parece ocorrer é a necessidade do jurídico decifrar se os objetivos colimados na legislação estão presentes e se há elementos formais e materiais mínimos para justificar a opção da via consensual, em abordagem que se aproxima àquela prevista no art. 38, VI, da Lei nº 8.666/93[117]. Inclusive, o próprio jurídico é quem poderá recomendar a necessidade de realização de consulta pública.

Na esteira dos entendimentos a respeito da atividade do parecerista jurídico em licitações, bem assim do quanto se dessume do art. 28 da própria LINDB, somente se houver liame ou nexo de causalidade entre os fundamentos do parecer desarrazoado, omisso ou tendencioso, com grave erro, isto é, irretorquível, é que se poderá anunciar a sua responsabilização. Repare-se que, no caso dos acordos administrativos, a tarefa do órgão jurídico será verdadeiramente exigente do ponto de vista intelectual, pois a sua atuação gravitará em torno de questões que digam respeito à real ou potencial não observação da legislação (ou contrato) ou ao âmbito de

[117] "Art. 38. O procedimento da licitação será iniciado com a abertura de processo administrativo, devidamente autuado, protocolado e numerado, contendo a autorização respectiva, a indicação sucinta de seu objeto e do recurso próprio para a despesa, e ao qual serão juntados oportunamente: [...]; VI - pareceres técnicos ou jurídicos emitidos sobre a licitação, dispensa ou inexigibilidade; [...]".

incertezas latentes sobre a conformação de determinado comportamento à determinado tipo legal de viés aberto.

Sem prejuízo, somos do entendimento de que a oitiva do órgão, conquanto obrigatória, não possui caráter vinculativo[118], cabendo ao gestor, no entanto, se for seguir por outra senda, exteriorizar fundamentos suficientes o bastante para elucidar a inépcia do parecer jurídico para o correto endereçamento da questão.

Pelo prisma da presença de *relevante interesse geral*, enquanto condição formal, o que se quer é reduzir a banalização do uso de um acordo administrativo, potencialmente em vista do reconhecimento de todas as tensões que ele gera, conforme descrição do capítulo 2. Assumir que a transação administrativa não se trata de rota alternativa, de viés excepcional, poderia repercutir uma indesejada expectativa de impunidade (se não absoluta, ao menos capaz de justificar a procrastinação de condutas ilegais ou potencialmente ilegais na certeza da sobrevinda de um acordo), que os estudos da economia comportamental já cuidaram de demonstrar sua potencialidade lesiva ao sistema[119]. *A priori*, todas as irregularidade

[118] Esta opinião é contrária ao que o STF já decidiu. Neste ensejo, vale a menção a trecho do acórdão nos autos do Mandado de Segurança nº 24.631/DF: "I. Repercussões da natureza jurídico-administrativa do parecer jurídico: (i) quando a consulta é facultativa, a autoridade não se vincula ao parecer proferido, sendo que seu poder de decisão não se altera pela manifestação do órgão consultivo; (ii) quando a consulta é obrigatória, a autoridade administrativa se vincula a emitir o ato tal como submetido à consultoria, com parecer favorável ou contrário, e se pretender praticar ato de forma diversa da apresentada à consultoria, deverá submetê-lo a novo parecer; (iii) quando a lei estabelece a obrigação de decidir à luz de parecer vinculante, essa manifestação de teor jurídica deixa de ser meramente opinativa e o administrador não poderá decidir senão nos termos da conclusão do parecer ou, então, não decidir". Mas a discordância tem seu lugar. A construção acima é fruto de mera imaginação dos julgadores, não havendo nada na norma que indique a obrigatoriedade de um segundo parecer, nos moldes delineados no item "(ii)" acima.

[119] "As penas para criminosos são probabilísticas. O criminoso pode não ser detectado ou apreendido, ou não ser condenado depois de apreendido. O decisor racional leva a probabilidade da pena em consideração enquanto completa o ato criminoso incluindo a apropriação indébita. Podemos dizer que o criminoso racional calcula o valor esperado da apropriação indébita que é igual ao ganho menos a pena, multiplicada pela probabilidade de ser pego e condenado". (COOTER, Robert; ULEN, Thomas. **Direito & Economia.** Porto Alegre: Brokman Companhia Editora. 5ª ed., 2010. p. 475). Em sentido próximo, confira-se: BECKER, Gary. Crime and Punishment: An Economic Approach. **Essays in the Economics of Crime and Punishment.** Editors: Gary S. Becker and William M. Landes. National Bureau of Economic

e possíveis irregularidades devem ser entendidas como abarcadas por alguma contenção dentro do Direito posto, até porque não se pode assumir um *non liquet*. Em havendo, contudo, comprovados interesses gerais envolvidos, que caminhem em clara ou potencial contraposição à aplicação do direito posto, estará autorizada a empreitada pela alternativa da transação.

A consulta pública, facultativa para efeitos dos acordos administrativos e sem força vinculativa por sua natureza, é um instituto de direito público consagrado na prática jurídica administrativista nacional. Desde a promulgação da Lei nº 9.784/99, em especial o seu art. 31, foi incorporado ao ordenamento jurídico local a previsão de que "Quando a matéria do processo envolver assunto de interesse geral, o órgão competente *poderá*, mediante despacho motivado, *abrir período de consulta pública* para manifestação de terceiros, antes da decisão do pedido, se não houver prejuízo para a parte interessada". Ao congregar acessibilidade, publicidade e motivação no processo decisório, esta ferramenta que, envolve partes externas dotadas potencialmente de diferentes pontos de vista e com capacidade para indicar efeitos ou mesmo efeitos dos efeitos do objeto consultado, pode ser muito útil para a administração pública, na medida em que franqueia um nível superior de cognição antes da decisão. No entanto, dados os custos envolvidos, eventual urgência que determinada medida encerre ou mesmo o necessário sigilo da transação (por questões, *e.g.*, de segurança pública), pode se tornar medida proibitiva ao alcance do interesse geral, a revelar, nestas hipóteses, sua devida impertinência para a estruturação do acordo.

Sabendo que esta será uma decisão casuística, Sérgio Guerra e Juliana Palma recomendam que, de um modo geral, as consultas públicas sejam utilizadas quando diante de: (i) negociação de altos valores, como nos acordos de cifras bilionárias; (ii) desenho de cláusulas com impactos concorrenciais, econômicos ou que importarem em escolha daqueles que se beneficiarão dos benefícios gerados pelo compromisso; (iii) sensibilidade social, política ou humanitária do compromisso, inclusive quando

Research. New York, 1974. Muito embora estes estudos partam de uma confecção que aparentemente desconsidera algumas limitações da racionalidade humana, elas, em alguma medida, conseguem comprovar que as penas consignadas na legislação influenciam em algum nível o comportamento do agente.

à desconfiança ética das tratativas; e (iv) casos cujo cenário do compromisso seja complexo e de difícil mapeamento dos interesses em jogo[120]. Trata-se de esforço muito válido e indicativo para aqueles chamados a operacionalizar o art. 26 da LINDB. Ademais, também é recomendável que se valham de meios eletrônicos, pela via escrita, de modo a conferir maior transparência e acessibilidade ao processo, com acesso aos autos do processo administrativo que dê ensejo ao acordo.

Quanto aos demais requisitos formais dispostos no art. 26 da LINDB e parágrafos são autoexplicativos, muito semelhantes àqueles consignados no art. 4º-A da Lei nº 9.469/97[121] que descreve os requisitos formais mínimos a serem observados nos termos de ajuste de conduta (TACs) envolvendo entes públicos federais. Descrição das obrigações das partes, descrição do prazo para o seu cumprimento, descrição das sanções pelo descumprimento e impossibilidade de desoneração permanente ou condicionamento de direito conservam o particular de uma objetividade latente, a não merecer maiores digressões, tampouco margens de interpretações. A publicação oficial, a seu turno, característica que se encontra fora do conteúdo formal dos acordos, é em verdade uma condição de eficácia[122]. Conquanto seja apta a conferir um quê de transparência e, na sequência, de controlabilidade, donde decorre sua necessariedade como meio a conferir a divulgação ao ato, remanesce uma insuficiência marcada pela

[120] GUERRA, Sérgio; e PALMA, Juliana B. **Art. 26 da LINDB. Novo regime jurídico de negociação com a Administração Pública**. *In:* Rev. Direito Administrativo, Rio de Janeiro, Edição Especial: Direito Público na Lei de Introdução às Normas de Direito Brasileiro – LINDB, p. 135-169, nov. 2018. p. 156. Disponível em: http://bibliotecadigital.fgv.br/ojs/index.php/rda/article/view/77653 Acesso em: 10/01/2019.

[121] "Art. 4º-A. O termo de ajustamento de conduta, para prevenir ou terminar litígios, nas hipóteses que envolvam interesse público da União, suas autarquias e fundações, firmado pela Advocacia-Geral da União, deverá conter: I - a descrição das obrigações assumidas; II - o prazo e o modo para o cumprimento das obrigações; III - a forma de fiscalização da sua observância; IV - os fundamentos de fato e de direito; e V - a previsão de multa ou de sanção administrativa, no caso de seu descumprimento".

[122] Diz Ávila que "A condição necessária da acessibilidade é a publicidade, e esta última depende da publicação. Daí não se poder confundir publicidade (ou divulgação pública) com publicação: esta consiste em um expediente técnico de natureza jurídico-formal que se caracteriza como meio para se atingir aquela, que se revela como um fim". (ÁVILA, Humberto. **Teoria da Segurança Jurídica**. 5. Ed., ver., atual. e ampl. – São Paulo: Malheiros, 2019, p. 319)

incapacidade de verificação, por si, do percurso, em especial das negociações e propósitos alvitrados, a reclamar medidas mais pervasivas para escandir as razões que subjazem a medida (*e.g.*: um procedimento formal), sob pena, inclusive, de eventual capitulação do ato como improbo, na forma do art. 4º da Lei 8.429/1992[123].

3.3.4. Os critérios de solução jurídica

Antes de apresentar (e criticar) os critérios enunciados no § 1º da LINDB, prudente é dar um passo atrás para contextualizar o ensejo em que virão à tona. É preciso compreender como se edifica o tipo de raciocínio consequencialista que subjaz a celebração dos acordos administrativos, para tornar mais palatável ao administrador público o manejo da metodologia para a justificação decisória prescrita no § 1º, tão determinante para o que há de mais central na LINDB, a saber: a sua busca por segurança jurídica.

3.3.4.1. A LINDB e a estrutura do raciocínio consequencialista

O plasmado uso de técnicas de interpretação e decisão contemporâneas, conjugado ao recurso a valores de alto nível de abstração para efeitos de fundamentação, conduz, para além da arriscada autorização de atuação pontualmente *contra legem*[124], a consequências político-constitucionais de revelo. Acusações de ativismo do decisor, de atuação como legislador positivo, de ilegitimidade democrática de cortes, de decisionismo e de particularismos são todas relacionadas ao estágio atual da interpretação jurídica, em especial, da interpretação constitucional (cf. Cap. 1). Mais especificamente, o que se argumenta é que a onipotência dos tribunais (inclusive os administrativos) comprometeria as margens de conformação do legislador, uma vez que todas as suas avaliações estariam sujeitas à revisão constante por meio de técnica de decisão desprovida de parâmetros, a

[123] "Art. 4º Os agentes públicos de qualquer nível ou hierarquia são obrigados a velar pela estrita observância dos princípios de legalidade, impessoalidade, moralidade e publicidade no trato dos assuntos que lhe são afetos".

[124] Informa Gustavo Binenbjom, a pretexto da atuação administrativa contrária à lei, que "seria também possível encontrar hipóteses de juridicidade contra legem por ponderações entre princípios constitucionais da legalidade e da eficiência". (BINENBOJM, Gustavo. **Uma teoria do direito administrativo: Direitos Fundamentais, Democracia e Constitucionalização.** 3ª Ed. Rio de Janeiro: Renovar, 2014. p. 200)

culminar na *sobreconstitucionalização* do direito[125]. A todo o tempo, conceitos de alto nível (*e.g.*: princípios explícitos e implícitos) são invocados como suporte para decisões, gerando o que o professor Carlos Ari Sundfeld informa ser um "elemento facilitador e legitimador da superficialidade e do voluntarismo"[126].

Esta controvérsia tão antiga[127] quanto presente, em verdade, tangencia fundamentalmente a segurança jurídica das relações humanas que deve ser compreendida atualmente não apenas como uma mera exigência de predeterminação de resultados decisórios, mas também como um dever de controle racional e argumentativo do processo decisório. A fundamentação no Direito merece ser discursiva, passando a envolver a aceitabilidade racional da decisão por meio de um procedimento de produção jurídica que gere legitimidade[128]. No entanto, esta demanda por segurança jurídica não soluciona, por si, a vagueza de sentidos de que padece o corrente estado das coisas em que as decisões judiciais ou administrativas se alavancam em elevado grau de criatividade dos tomadores de decisão, com severas doses, por vezes, de arbítrio.

À luz desse diagnóstico, havia, pois, um chamado para tentar conter a patologia acima desenhada e, com maior proeminência, coube à LINDB (no detalhe, à Lei nº 13.655/2018) a iniciativa desta empreitada,

[125] LEAL, Fernando. **Irracional ou hiper-racional? A ponderação de princípios entre o ceticismo e o otimismo ingênuo.** A&C. Revista de Direito Administrativo & Constitucional, v. 58, 2014b, p. 180.

[126] SUNDFELD, Carlos Ari. **Direito Administrativo para céticos**. 2ª ed. São Paulo: Malheiros, 2014. p. 225.

[127] Carlos Maximiliano já anunciava que este problema não é tão novo quando se imagina, ao contrário, parece ser apenas repaginado. Como relata Carlos Maximiliano, fenômeno parecido se sucedeu sob o Digesto Justiniano ao fazer cunhar o brocardo "*saber as leis não é conhecer-lhes as palavras, porém a sua força e poder*" que, com o passar do tempo, de um mecanismo interpretativo útil (quando empregado com um necessário critério) redundou em danoso abuso. A escolástica introduziu um acervo de distinções e subdistinções e com estas reduzia a hermenêutica à casuística intricada; apelava em demasia para o argumento da autoridade, para a *communis opinio*. Os pareceres dos doutores substituíam os textos, as glosas tomavam o lugar da lei e, assim, de excesso em excesso, se chegou a deplorável decadência jurídica, ao domínio de retóricos e pedantes. (MAXIMILIANO, Carlos. **Hermenêutica e Aplicação do Direito.** 20ª ed. Rio de Janeiro: Forense, 2011. p. 27-28)

[128] ÁVILA, Humberto. **Segurança Jurídica. Entre Permanência, mudança e Realização no Direito Tributário.** 2ª ed. São Paulo: Malheiros, 2012. p. 255.

isto é, a tarefa de lidar, nas palavras de sua exposição de motivos, com "importantes fatores de distorção da atividade jurídico-decisória pública". Como acentua Fernando Leal, o mais importante destes fatores parece ser o uso pouco parcimonioso de padrões vagos para sustentar decisões jurídicas. Impedir ou limitar de alguma forma o recurso a termos como "interesse público", "razoabilidade", "moralidade" e "precaução" como razões centrais para fundamentar decisões é considerado movimento capital para realizar o principal objetivo da LINDB: "elevar os níveis de segurança jurídica e de eficiência na criação e aplicação do direito público"[129].

Como antídoto, a LINDB apostou na necessidade de consideração de consequências, para dirimir a ordem de problemas acima debatida, *ex vi* a redação do seu art. 20[130], *tão indispensável, aliás, à interpretação do art. 26. Ao contemplar a possibilidade de celebração de um acordo administrativo, em alguma medida e ainda que potencialmente, o recurso ao art. 26 pode constranger a legislação de regência através do necessário recurso a alguma alavanca principiológica*[131] *como suporte para justificar a derrotabilidade do texto legal (ou contratual) que verdadeira ou supostamente a opõe.* Explica-se:

Em se tratando de acordos substitutivos, nitidamente se percebe, por meio ao recurso a algum valor ou princípio, a necessidade de derrotar determinada sanção prescrita na lei (ou contrato) quando esta já houver sido aplicada. Nos casos de acordos substitutivos em que a sanção prescrita

[129] LEAL, Fernando. **Inclinações Pragmáticas do Direito Administrativo: nova agenda, novos problemas. O caso do PL 349/15.** *In*: LEAL, Fernando; MENDONÇA, José Vicente Santos de (org). Transformações do Direito Administrativo: consequencialismo e estratégias regulatórias. Rio de Janeiro: Escola de Direito do Rio de Janeiro da Fundação Getúlio Vargas, 2016. p. 25. Disponível em: http://bibliotecadigital.fgv.br/dspace/handle/10438/18009. Acesso em: 24/03/2019

[130] "Art. 20. Nas esferas administrativa, controladora e judicial, não se decidirá com base em valores jurídicos abstratos sem que sejam consideradas as consequências práticas da decisão. Parágrafo único. A motivação demonstrará a necessidade e a adequação da medida imposta ou da invalidação de ato, contrato, ajuste, processo ou norma administrativa, inclusive em face das possíveis alternativas".

[131] Ávila, ao tratar da palavra "valores" inserta no art. 20 da LINDB, informa que "presume-se que o legislador, de forma atécnica, tenha pretendido referir-se às normas de textura aberta, especialmente aos princípios jurídicos, talvez também às cláusulas gerais e às regras portadoras de conceitos jurídicos indeterminados". (ÁVILA, Humberto. **Teoria da Segurança Jurídica.** 5. Ed., ver., atual. e ampl. – São Paulo: Malheiros, 2019, p. 614)

ainda não tenha sido aplicada em definitivo, isto é, quando defronte de mera rota de subsunção, há uma fuga desta potencial conformação pela via dos acordos, o que também deve se suceder com suporte em algum valor ou princípio (do contrário, aguarda-se o julgamento).

O acordo integrativo, por sua vez, também opera para suplantar *violações efetivas e potenciais* ao texto legal, quer pela confrontação de atividade econômica nova com os termos de legislação que lhe é anterior e a opõe (por vezes, indiretamente), quer pela indefinição e vagueza dos próprios conceitos jurídicos prescritos na redação da peça legal de regência de determinada relação jurídica entre o particular e o Estado[132]. Logo, ao celebrá-lo, também há a demanda pelo recurso à avaliação das consequências, sem prejuízo da *impossibilidade* de desoneração permanente de dever ou o condicionamento de direitos reconhecidos por orientação geral, segundo o art. 26, §1º, III, da LINDB (a configurar, se não observada a dita impossibilidade, uma odiosa e verdadeira derrogação de norma geral e abstrata por meio de um ato administrativo negocial) o que, naturalmente, também se aplica aos acordos substitutivos.

Com efeito, esta correlação dos arts. 26 e 20 da LINDB tem potencial para uma reversão marcante nos padrões de julgamentos punitivos. Concebidos por estudiosos da economia comportamental como julgamentos retributivos em caráter, sem consideração de consequências, os julgamentos punitivos revelam "*uma clara conexão entre retribuição e indignação*"[133] dos decisores. Contudo, ao se incrementar o consequencialismo na solução de casos sob o juízo da administração pública, sobretudo quando a opção seja por transigir, é possível que, a depender do caso e da forma como aplicada, se verifique um ganho qualitativo, pelo combate a punições enraizadas em meras indignações.

[132] Diz o Enunciado nº 6 do Instituto Brasileiro de Direito Administrativo: "*A referência a 'valores jurídicos abstratos' (prescrição esta disposta no art. 20 sob enfoque) na LINDB não se restringe à interpretação e aplicação de princípios, abrangendo regras e outras normas que contenham conceitos jurídicos* indeterminados. Disponível em: https://www.migalhas.com.br/arquivos/2019/6/art20190624-11.pdf. Acesso em: 15.11.2019.

[133] "(...) there is a clear connection between retribution and outrage (Galanter and Luban 1993; Hampton 1988; Owen 1989)". SUNSTEIN, Cass. **On the psychology of punishment**. *In*: The Law and Economics of Irrational Behavior. Stanford, California: Stanford University Press, 2005. p. 344.

Desse estado da técnica e das suas possíveis vantagens não se infere, contudo, que distorções pelo recurso raciocínio consequencialista não possam ocorrer[134]. Mas antes de criticar, é preciso compreender as bases em que ele se desenvolve. Neste propósito, talvez o melhor ponto de partida seja reconhecer a consideração das consequências como uma forma distinta de raciocínio desde Aristóteles, para quem: "sempre que duas coisas se assemelhem muito entre si e não podemos ver nenhuma superioridade numa delas sobre a outra, devemos examiná-las sob o ponto de vista de suas consequências"[135], escolhendo-se pela melhor consequência ou pela menos pior.

A passagem acima explicita a ideia básica do argumento sustentado em consequências. Indo mais a fundo, podemos tratar o consequencialismo como "tipo de argumento que fornece razões para a tomada de uma decisão específica a partir de uma avaliação dos possíveis efeitos desta decisão"[136]. O que, em verdade, importa para um juízo consequencialista é a consideração dos impactos na realidade de alternativas de decisão ou cursos de ação[137]. E para desenvolvê-lo esquematicamente, sua estrutura sempre preservará uma única modelagem, melhor representada a seguir: :

[134] Talvez a mais contundentes delas seja apresentada por Niklas Luhmann, para quem "*La orientación a las consecuencias de la accion, y com ello la orientación a um futuro aún incierto, es característica dominante de la sociedade moderna. Esto trae consigo inseguruidades y convierte em tema central a la seguridad, también a la seguridade jurídica, como problema y como valor. A esto se refieren los esfuerzos de conocimiento, de presentación y de organización del sistema jurídico diferenciado. El ciudadano tiene que prever las decisiones del sistema jurídico. Precisamente por eso la decisión de este sistema jurídico no puede a su vez contar tan sólo em la previsión de sus propias consecuencias. Esto obligaria al ciudadano a prever las previsiones*". (LUHMANN, Niklas. **Sistema Juridico y Dogmatica Juridica**. Traduzido por Ignacio de Otto Pardo. Madrid: Centro de Estudios Constitucionales, 1983. p. 68)

[135] ARISTÓTELES. **Tópicos**. Livro III, 2. Tradutor não identificado. Disponível em: http://www.dominiopublico.gov.br/download/texto/cv000069.pdf. Acesso em 11/12/2019.

[136] ARGUELHES, Diego Werneck. **Argumentos Consequencialistas e Estado de Direito: subsídios para uma compatibilização.** *In*: Anais do XIV Encontro Nacional do CONPEDI. Florianópolis: Fundação Boiteaux, 2005, p. 5).

[137] LEAL, Fernando; DIAS, Daniela Gueiros. **Consequencialismo judicial na modulação de efeitos das decisões declaratórias de inconstitucionalidade nos julgamentos de direito tributário**. Revista Brasileira de Políticas Públicas. Vol. 7, nº 3, dez. 2017. Direito e Mundo Digital. p. 819-843 (825).

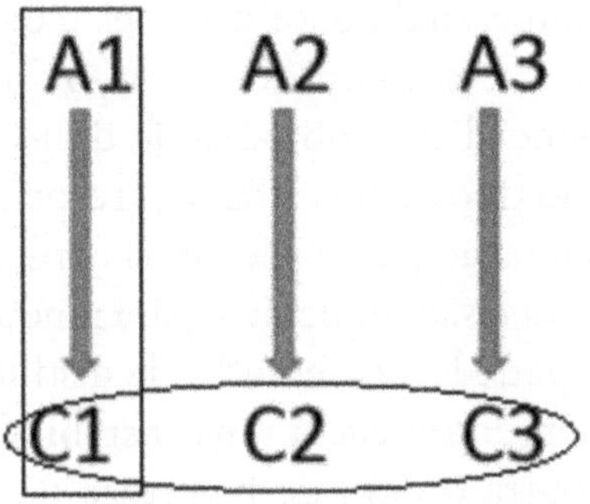

Este molde deve ser analisado em três etapas e duas dimensões. A primeira dessas etapas é a indicação clara das alternativas de decisão (representadas no modelo por A1, A2, A3 ... An); a segunda, das consequências vinculadas a cada uma das alternativas decisórias (representadas por C1, C2, C3 ... Cn). A relação entre estas duas primeiras etapas (representada na forma de retângulo na figura, ou seja, A1 → C1 ou A2 → C2 ...), compõe a *dimensão descritiva ou positiva do raciocínio* consequencialista. Nela, realiza-se um esforço de prognose, ou seja, se ocorrida a alternativa A1 então teremos probabilisticamente C1 como consequência. A terceira etapa (representada na forma circular), por sua vez, diz respeito à identificação de um *critério* de valoração, para fins de ranqueamento ou ordenação, das consequências. A aplicação desse *critério*, com a correspondente ordenação dos estados do mundo antecipáveis e a seleção, ao fim, da alternativa decisória que deve ser privilegiada compõe a *dimensão normativa do raciocínio* consequencialista. Então, por exemplo, a consequência C1 pode ser ranqueada, a depender do critério de valoração (*e.g.*: eficiência), como preferencial sobre C2 que pode ser preferencial a C3, o que redundará na preferência por A1 dentre as alternativas.

Se bem observada esta metodologia de raciocínio, é possível verificar que trabalhar com consequências em processos de tomada de decisão jurídica envolve dois tipos de incertezas, uma na dimensão positiva e outra na dimensão normativa. A primeira refere-se ao controle das prognoses realizada, é dizer, à confiabilidade das consequências atribuídas a cada alternativa (A1 → C1 ou A2 → C2 ...). Logo, sabendo-se que "É do decisor o dever argumentativo no sentido da validação *erga omnes* dos juízos de fato que relacionam casualmente decisões e consequências"[138], esse não pode se descurar deste complexo encargo quando do uso de uma justificação consequencialista, sob pena de dragar a confiabilidade do argumento. O segundo tipo de incerteza diz respeito a como determinar o(s) critério(s) de valoração para ordenar as consequências[139], sem o(s) qual(is) o tomador de decisão segue livre para ranquear as consequências à sua maneira, o que pode levar à escolha de distintos critérios a depender do caso e, por consequência, à uma instabilidade cara ao sistema. Sem prejuízo, uma outra ordem de incerteza na dimensão normativa deriva da anterior, circunscrevendo-se na determinação dos sentidos atribuídos ao(s) critério(s) vago(s) de valoração aplicável(is) e em como solucionar possíveis colisões entre critérios igualmente aplicáveis à mesma situação[140].

Estas informações são fundamentais para a compreensão e delimitação de qualquer argumentação consequencialista e, no particular deste estudo, autorizam a identificação de alguns problemas correlacionados à aplicação do art. 26 em comento. A começar pela *dimensão descritiva*, "raciocínios prospectivos estão sujeitos a uma assimetria necessária entre o futuro imaginado agora e o futuro que realmente chegará"[141]. Essa assimetria exige que o aplicador empreenda rigor na sua análise prospectiva, que poderá neutralizá-la. Assim, informar que a celebração de um acordo — em detrimento da aplicação de uma específica sanção prevista na legislação de regência, por exemplo — levará a consequências benéficas específicas pode ser fruto de mera presunção, sem qualquer validade a partir de um juízo mais compromissado.

[138] SCHUARTZ, Luis Fernando. **Consequencialismo jurídico, racionalidade decisória e malandragem**. Em: Revista de Direito Administrativo 248 (2008), p. 130-158 (p. 131).

[139] LEAL, Fernando. **Inclinações Pragmáticas do Direito Administrativo: nova agenda, novos problemas**. O caso do PL 349/15". *In*: LEAL, Fernando; MENDONÇA, José Vicente Santos de (org). Transformações do Direito Administrativo: consequencialismo e estratégias regulatórias. Rio de Janeiro: Escola de Direito do Rio de Janeiro da Fundação Getúlio Vargas, 2016. p. 28.

[140] Id. p. 29.

[141] LEAL, Fernando. **Consequenciachismo, principialismo e deferência: limpando o terreno:** Dilema é, de fato, meramente aparente. Publicado em 01/10/2018, Jota. Disponível em: https://www.jota.info/paywall?redirect_to=//www.jota.info/stf/supra/consequenciachismo-principialismo-e-deferencia-limpando-o-terreno-01102018. Acesso em: 12/10/2019.

No quadrante da dimensão normativa do raciocínio, o *critério* a ser utilizado para determinar a preferência entre as consequências alvitradas para cada alternativa precisa (i) ser conhecido; (ii) receber sentido operacionalizável e que esse sentido se mantenha estável no tempo[142]; (iii) existir alguma metodologia segura capaz de justificar a prioridade de um critério de valoração em situações em que mais de um parâmetro pode ser aplicável para sustentar decisões opostas para um mesmo problema de decisão[143] [144].

3.3.4.2. Os critérios em específico

Em vista da argumentação desenvolvida no sub-capítulo anterior, especialmente a correlação entre os acordos administrativos, segundo o art. 26 da LINDB, e consequencialismo, se entrevê os elementos do § 1º do art. 26 da LINDB (proporcionalidade, equidade, eficiência e interesses gerais) como critérios para ranquear as diferentes consequências atribuídas a diferentes possíveis medidas (alternativas) da administração pública na realização da(s) finalidade(s) dos valores em que se empunha para justificar não só a opção pelo acordo administrativo, mas também pelos seus termos e condições.

Mais precisamente, a atitude do legislador da LINDB poderia ser compreendida como um consequencialismo às avessas: os critérios de ordenação de consequências estão fixados no inc. I do § 1º (proporcionalidade, igualdade, eficiência e atendimento a interesses gerais). A partir deles, deve o tomador de decisão indicar a alternativa decisória que gera

[142] De nada adianta, por exemplo, se eleger moralidade como critério se não se sabe, com alguma precisão, o que esta expressão quer dizer.

[143] Este raciocínio foi estruturado por Fernando Leal, em seu texto, publicado no Jota, denominado "Consequencialismo, principialismo e deferência: limpando o Terreno: Dilema é, de fato, meramente aparente". Disponível em: https://www.jota.info/paywall?redirect_to=//www.jota.info/stf/supra/consequenciachismo-principialismo-e-deferencia-limpando-o-terreno-01102018 Acesso em: 15/10/2019.

[144] Luhmann, em mais uma crítica ao consequencialismo, endossa este particular esforço para a operacionalização das consequências na dimensão normativa, ao informar que *"[...] tampoco se resuelve nada com una valoración de las consecuencias, ni siqueira con consenso de valores, porque el problema empieza ya em la selección de las consecuencias que se emplea para la valoración"*. (LUHMANN, Niklas. **Sistema Juridico y Dogmatica Juridica**. Traduzido por Ignacio de Otto Pardo. Madrid: Centro de Estudios Constitucionales, 1983. p. 69)

efeitos positivos para promovê-los[145]. Forte na centralidade destes critérios para a escolha decisória administrativa ancorada no art. 26 da LINDB, mas sem a pretensão de, por ora, definir se o administrador estará apto ou não a percorrer a trajetória que desponta desses exatos critérios, faremos um estudo descritivo do atual estado da técnica a gravitar sobre cada qual dos critérios, sem perder de vista o tom de complementariedade anunciado pelo § 1º que, pelo conjunção "e", não lhes convoca alternativamente, mas, ao contrário, de forma cumulativa (o que, naturalmente, acirra os contornos de operacionalização).

3.3.4.2.1. Proporcionalidade

Sob o prisma da proporcionalidade, o art. 26, em seu inciso I, investe em medida com vasta propensão de ser a maneira mais difundida, na atualidade, de tratar de casos em que, quando da análise de determinado ato estatal, verifica-se a existência de uma colisão entre normas com estrutura de princípios jurídicos (*i.e.*: aquela que o ato estatal visa promover e a outra, ou outras, que com ela conflita). Disto se dessume seu potencial para ser considerada uma metodologia de decisão orientada para o futuro, na proporção em que é forçoso reconhecer o necessário o caráter teleológico associado à natureza dos princípios, quando observados sob o rótulo de "mandamentos de otimização".

Ocorre que, somente a partir de uma menção à proporcionalidade no art. 26 da LINDB, o efeito correlacionado é uma grande dificuldade de se fornecer subsídios para o controle intersubjetivo da correção de sua aplicação. Em havendo o dever de *buscar*[146] a proporcionalidade da decisão, é preciso assumir que, em boa medida, isto deverá ser demonstrado — e não pressuposto — no processo de justificação, sem cair no caráter meramente

[145] LEAL, Fernando. **Inclinações Pragmáticas do Direito Administrativo: nova agenda, novos problemas**. O caso do PL 349/15". *In*: LEAL, Fernando; MENDONÇA, José Vicente Santos de (org). Transformações do Direito Administrativo: consequencialismo e estratégias regulatórias. Rio de Janeiro: Escola de Direito do Rio de Janeiro da Fundação Getúlio Vargas, 2016. p. 29.

[146] Quando o inc. I do § 1º do art. 26 da LINDB recorre ao verbo "*buscará*" solução jurídica proporcional (equânime, eficiente e compatível com os interesses gerais), parece estar presente uma assunção de que a determinação é mais comprometida com os esforços de justificação da vontade do que com o alcance de uma única resposta apta a congregar todos os compromissos lá descritos.

retórico, não sistemático e, portanto, gerador de instabilidades. Neste ensejo, a primeira prescrição para o agente chamado a operar o conceito jurídico em questão, ou mesmo qualquer outro, é que não assuma no discurso jurídico que ele guarde a mesma semântica da linguagem laica. O segundo é saber que a proporcionalidade é uma *regra* em sua acepção jurídica[147], cujo roteiro deve orientar a tomada de decisão dos acordos por meio de um processo de justificação que se divide em três sub-regras, a saber: *adequação, necessidade* e *proporcionalidade em sentido estrito.*

Antes, porém, de descrever o espectro de abrangência de cada uma das três sub-regras, cumpre ainda observar que a relação destas tem curso por meio de uma ordem pré-definida e vincada na subsidiariedade. Isto é, primeiro se avaliará a *adequação* da medida. Se houver, suceder-se-á a avaliação da *necessidade* e, somente sendo superada esta fase (com a conclusão de que a necessidade se encontra presente), é que a busca passará a ser pela existência, *in casu*, de *proporcionalidade em sentido estrito.* Assim, em sendo verificada a inadequação da medida que, como visto, precede o exame de necessidade, sequer será necessária a execução deste exame (e assim sucessivamente), porquanto a medida será reputada de antemão carente de proporcionalidade. De posse destes parâmetros, segue-se o manejo de cada sub-regra:

Pela *adequação* é preciso que o meio seja apto para a produção de um fim. Para ser mais preciso, adequado "não é somente o meio com cuja utilização um objetivo é alcançado, mas também o meio com cuja utilização a realização de um objetivo é fomentada, promovida, ainda

[147] No específico quadrante do afastamento da aplicação da proporcionalidade como princípio, designação esta a que a *proporcionalidade* é comumente identificada, nos reportamos, pela clareza e objetividade, às palavras de Ávila (apresentadas com suporte em Alexy) para quem: "Sendo o Direito o meio mediante o qual são estabelecidas proporções entre bens jurídicos exteriores e divisíveis, deve ser estabelecida uma medida limitada e orientada pela sua máxima realização. Daí dizer-se — como faz ALEXY — que a proporcionalidade não consiste em uma norma-princípio, mas consubstancia uma condição da realização do Direito, já que não entra em conflito com outras normas princípios, não é concretizado em vários graus ou aplicado mediante a criação de regras de prevalência diante do caso concreto, e em virtude das quais ganharia, em alguns casos, a prevalência". (ÁVILA, Humberto. **Repensando o "Princípio da Supremacia do Interesse Público sobre o Particular"**. RERE. Revista Eletrônica sobre a Reforma do Estado. Número 11 - setembro/outubro/novembro 2007. Salvador. p. 14)

que o objetivo não seja completamente realizado"[148]. A adequação, tal como a necessidade, expressa a exigência de — contida na definição de um princípio — de uma máxima realização em relação às possibilidades fáticas. Mas, como adverte Alexy, o formulador destas ideias, "isso tem pouco a ver com a ideia de 'ponto máximo'"[149], porquanto sabedor das limitações da racionalidade humana. Como ele explica, a adequação tem, na verdade, a natureza de um critério negativo. Ela elimina os meios não adequados, sem a pretensão de determinar tudo, mas de apenas excluir algumas escolhas. Por assim dizer, o que a adequação faz é excluir aquilo que não é adequado, sem, com isso, eliminar tudo.

Sob o prisma da *necessidade*, um ato estatal que limita um princípio (ou um valor) é somente reputado necessário caso a realização do objetivo perseguido não possa ser promovida, com a mesma intensidade, por meio de outro ato que limite, em menor medida, o direito atingido[150]. O apelo, suscintamente, é que o meio seja o menos restritivo dentre os demais atos também reputados adequados. Destes elementos, possível é definir a clara distinção entre o exame da necessidade e o da adequação: enquanto o primeiro é comparativo (entre as amostras pautadas como adequadas), o segundo é absoluto, isto é, não se desenvolve de maneira parametrizada. Em sentido similar ao que fizera com a *adequação*, Alexy aduz que no exame da necessidade "não é prescrita categoricamente a adoção do meio que intervém em menor intensidade"[151]. Com isso, o autor parece querer dizer que o objeto é apenas de adoção do meio mais suave, sem a pretensão de otimização em direção a algum ponto máximo, único.

Conquanto uma medida se apresente adequada e necessária, isso não significa, por si só, que ela deva ser considerada como proporcional. Indispensável é, na sequência, a averiguação da *proporcionalidade em sentido estrito* que consiste em um sopesamento[152] entre a intensidade da restrição

[148] Ibid. p. 36.

[149] ALEXY, Robert. **Teoria dos direitos fundamentais**. Traduzido por Virgílio Afonso da Silva. 2ª ed. São Paulo: Malheiros, 2014, p. 590.

[150] SILVA, Virgílio Afonso da. **O proporcional e o razoável**. Revista dos Tribunais. v. 798 (2002): 23-50, p. 38.

[151] ALEXY, Robert. **Teoria dos direitos fundamentais**. Traduzido por Virgílio Afonso da Silva. 2ª ed. São Paulo: Malheiros, 2014, p. 591.

[152] Em específico, nos referimos à lei da ponderação, de acordo com a qual "quanto maior o grau de não satisfação ou detrimento de um direito ou princípio, maior deve ser a importância

ao valor ou princípio atingido e a importância da realização do direito ou princípio que com ele colide e que fundamenta a adoção da medida restritiva[153]. Para que uma medida seja considerada desproporcional em sentido estrito, basta que os motivos que fundamentam a sua adoção não tenham peso suficiente para justificar a restrição ao direito atingido. Assim, se pelos exames da necessidade e adequação somente é possível revelar a falha da lei em atingir seu objetivo, pela proporcionalidade em sentido estrito será possível avaliar os pesos relativos do objetivo da lei, de um lado, e o direito, de outro, num contexto, por exemplo, de uma legislação sob revisão[154] (a revisão também pode ser o objeto de um acordo, *ex vi* os denominados "acordos substitutivos").

A partir do explicitado exame das sub-regras, é possível dessumir uma clara pertinência na utilização da proporcionalidade no manejo dos acordos administrativos enquanto procedimento analítico, se observado que estes envolvem objetivos jurídicos que podem estar em relação de tensão. Esse tipo de problema pode ser identificado na estrutura consequencialista típica dos acordos quando diferentes alternativas são consideradas e os seus efeitos podem ser avaliados positiva ou negativamente em função de *diferentes* critérios de valoração aplicáveis. Em outras palavras, a proporcionalidade se revela útil para lidar com um problema da dimensão *normativa* dos acordos, especialmente quando a monetização dos custos e benefícios associados à promoção e à restrição de objetivos imbricados não se revela possível ou suficiente.

de satisfazer o outro". (ALEXY, Robert. **Teoria dos direitos fundamentais**. Traduzido por Virgílio Afonso da Silva. 2ª ed. São Paulo: Malheiros, 2014, p. 86. p. 114)

[153] SILVA, Virgílio Afonso da. **O proporcional e o razoável**. Revista dos Tribunais. v. 798 (2002): 23-50, p. 40.

[154] A última lição sobre proporcionalidade em sentido estrito é de Dieter Grimm, para quem: "The two previous steps can only reveal the failure of a law to reach its objective; they cannot evaluate the relative weight of the objective of the law, on the one hand, and the fundamental right, on the other, in the context of the legislation under review". Este mesmo autor ainda pontua, no mesmo artigo, se referindo ao uso da proporcionalidade pelas Cortes do Canadá e da Alemanha, que "the third test is a cost-benefits analysis, which requires a balancing between the fundamental rights interests and the good in whose interest the right is limited". (GRIMM, Dieter. **Proportionality in Canadian and German Constitutional Jurisprudence**. University of Toronto Law Journal. Volume 57, Number 2, Spring 2007, pp. 383-397. p. 396 e 387).

Nesta hipótese, embora o nível da proporcionalidade em sentido estrito — no qual acontece a *ponderação*, como visto — desponte como o de utilidade mais evidente, nada parece impedir que os exames de adequação e de necessidade também possam ser aplicáveis para se aferir, respectivamente, se a transação (na forma de acordo) é, respectivamente, apta para promover a finalidade que deveria ser por ela visada e se não existe alguma outra opção — incluindo a de não transacionar — capaz de garantir benefícios idênticos para a promoção do objetivo que deveria orientar a escolha consensual, mas que restrinja menos a realização de outros objetivos juridicamente relevantes[155]. E tanto assim deve ser que o § 1º do art. 20 da LINDB demanda que "A motivação demonstrará a *necessidade* e a *adequação* da medida imposta ou da invalidação de ato, contrato, ajuste, processo ou norma administrativa, *inclusive em face das possíveis alternativas*" (grifou-se). Com isso, o que se tem é, pelo emprego apropriado da proporcionalidade, um chamado para que os tomadores de decisão reconheçam e defendam, honesta e abertamente, as escolhas que fazem quando diante de temas centrados em princípios e valores constitucionais.

3.3.4.2.2. Eficiência

Seguindo-se para o exame da eficiência, a primeira impressão é a de que o dispositivo investe numa redundância, pois este compromisso se encontra encartado no art. 37 da CF desde a reforma administrativa promovida pela Emenda Constitucional nº 19/98. Mas a sua listagem no inc. I do § 1º do art. 26 da LINDB parece ter sua pertinência resguardada, se observada como reforço à associação entre a lei de introdução (onde se inserem os acordos administrativos) e pragmatismo. É que, pela eficiência, um espaço para a utilização de critérios pragmáticos na adjudicação é aberto, donde se denota a autorização para o juiz considerar os efeitos sistêmicos de sua decisão, forte nas características do específico caso sob tratamento. Assim, se é possível assumir que a busca pela eficiência dos

[155] Estas ideias foram retiradas do artigo elaborado por Fernando Leal, em que ele identifica aproximações entre Proporcionalidade e Análise de Impacto Regulatório. LEAL, Fernando. **Análise de impacto regulatório e proporcionalidade: semelhanças estruturais, mesmos problemas reais?**. *In*: Revista Brasileira de Políticas Públicas. Brasília, v. 9, n.3, 2019, p. 312-348.

acordos administrativos é conduzida pelo consequencialismo associado ao contextualismo e antifundacionalismo, fazer alusão a eficiência implica a conformação, em determinada medida, aos referidos conceitos-chave da matriz pragmatista, vértice estrutural da LINDB. Trata-se, em verdade, de processo de recondução com força para definir o sistema no qual se insere, o que não é pouco diante do ineditismo (ao menos formal) dos ideais pragmáticos coligidos na LINDB.

Ainda que estas afirmações possam ser reputadas verdadeiras, delas não se verifica a natureza do dever de eficiência. E como a natureza da norma pode ser definidora de sua aplicação, este é o exercício que se segue:

Conquanto recorrentemente a eficiência seja qualificada como princípio, o que ocorre inclusive no art. 37 da CF, esta não parece ser a melhor prescrição a ser dela extraída para a aplicação do art. 26 da LINDB. Para ser enquadrada como princípio, o compromisso de partida seria o seu enquadramento como "mandamento de otimização"[156] ou "um estado de coisas a ser buscado"[157]. Daí se sucede a necessidade, para enquadrá-la como princípio, de atá-la a "uma finalidade inerente ao próprio Estado, que tem que alocar recursos, prestar serviços públicos e garantir condições materiais e instrumentais para a fruição de direitos"[158]. Neste sentido, "o estado de coisas referido deriva da realização de *outras* finalidades, independentemente dos traços marcantes das situações ou dos sujeitos envolvidos no alcance desses *telos* parciais"[159]. Enxergando-se a eficiência desta maneira, tem-se que seria a coerência, e não a proporcionalidade (enquanto regra de segundo grau, que rege a aplicação de outras, conforme verificado no item 3.3.4.2), o critério mais apropriado para a sua aplicação. Isto porque não haveria sentido, nem cabimento (em especial nos quadrantes da fórmula do peso de Alexy[160]), proceder-se com a aplicação das sub-regras

[156] ALEXY, Robert. **Teoria dos direitos fundamentais.** Traduzido por Virgílio Afonso da Silva. 2ª ed. São Paulo: Malheiros, 2014, p. 86.

[157] ÁVILA, Humberto Bergmann. **Teoria dos Princípios: da definição à aplicação dos princípios jurídicos.** São Paulo: Malheiros, 2004. p. 63.

[158] LEAL, Fernando. **Propostas para uma Abordagem Teórico-Metodológica do Dever Constitucional de Eficiência.** Revista Eletrônica de Direito Administrativo Econômico. Nº 15 – ago./set./out. 2008. Salvador, p. 10.

[159] *Ibid.* p. 10.

[160] ALEXY, Robert. **On Balancing and Subsumption. A Structural Comparison.** Ratio Juris. Vol. 16 Nº 4 December 2003 (433-49).

da proporcionalidade de algo que se densifica em finalidades derivadas, mas, sim, em guardar coerência com estas finalidades quando da aplicação ao caso em concreto.

Em verdade, o que o inc. I do § 1º do art. 26 da LINDB parece buscar, ao listar cumulativamente proporcionalidade e eficiência, é uma aproximação mais determinante no manejo de ambos, numa relação de complementariedade, cuja demanda é, pela definição de percursos e considerações a serem observadas pelo decisor, ser possível estruturar escolhas públicas mais comprometidas com o estado de coisas a ser buscado. Nesta dimensão, para além de uma busca pela eficiência, se determina o modo como esse dever deve ser aplicado, do que se extrai seus contornos de postulado normativo aplicativo. Enquanto tal, o que a eficiência faz é nortear o exame dos meios supostamente aptos *ao atendimento de alguma finalidade administrativa*. E se aplica basicamente à análise dos meios e das finalidades imanentes a princípios que apontam em *uma única direção*[161].

Na prática, num cotejo de vários meios possíveis, o decisor será chamado a não apenas considerar a opção mais eficiente como aquela com maiores ganhos para o Erário (ou menos custosa, a depender de sua posição na relação), muito embora esteja na vantajosidade econômica a sua pedra angular. Em verdade, deverão ser consideradas tantas outras variáveis qualitativas ínsitas ao caso, devendo a opção se dar pelos meios mais rentáveis (ou meios menos custosos, a depender do caso), somente quando tais outras variáveis (se houver) se mantiverem constantes. Se, portanto, a ANATEL assinar um "acordo administrativo" com um agente privado de telefonia para substituir determinada penalidade pecuniária calcada na não instalação de antenas de telefonia móvel (conforme exigência contratual) pelo gasto de quantia correspondente ao *dobro do valor da multa* na forma de instalação de "orelhões" por determinada região urbana, certamente esta conduta será reputada ineficiente, pois, apesar de em termos meramente econômicos poder se apresentar como superior, ela remedia a situação com tecnologia obsoleta e inútil.

[161] LEAL, Fernando. **Propostas para uma Abordagem Teórico-Metodológica do Dever Constitucional de Eficiência**. Revista Eletrônica de Direito Administrativo Econômico. Nº 15 – ago./set./out. 2008. Salvador, p. 12-13.

Em sendo este o terreno da eficiência, o que a diferencia da proporcionalidade é o fato desta perpassar pela consideração também das finalidades contrapostas e das restrições a outros princípios incidentes na situação concreta, empreendimento este que não faz parte da análise da primeira. O dever de proporcionalidade, como implicação lógica da existência de princípios, é necessário em qualquer caso de colisão destes. Entretanto, nem sempre a imbricação de finalidades exigirá o exame da eficiência que, repita-se, é unidirecional. Tal exame somente será indispensável nos casos de alocação de recursos públicos na busca da realização de algum desiderato constitucional, quando então será avaliado se a medida sob exame é ou não custosa e qualitativamente apropriada à promoção da finalidade[162].

Tendo visto nos sub-capítulos anteriores que o exame da proporcionalidade deve ser enfrentado quando diante dos acordos administrativos uma vez que estes implicam restrições a objetivos relevantes do ponto de vista jurídico em nome da promoção de outros objetivos de mesma natureza e, ainda, que a consideração de custos do meio e sua qualidade são expressões também recorrentes na via consensual, a tarefa que se sucede, em termos de aplicação, é a identificação dos diferentes momentos em que estes deveres se operam enquanto ônus de argumentação a serem superados. Em mais este particular, compartilhamos o entendimento extravasado por Fernando Leal de que o nível em que a separação entre os deveres de eficiência e proporcionalidade deve ocorrer é o da necessidade. Veja:

No detalhe, a atuação da eficiência se dá no *primeiro estágio* de investigação da necessidade da medida, ou seja, quando diferentes meios são examinados em função da finalidade a ser promovida. O que se busca é a verificação do grau de promoção do fim pela medida (meio) em xeque em função de outras medidas alternativas que se colocam. Para tanto, ao invés do administrador público apreciar os meios disponíveis (i.e.: M1, M2 e M3) em todos os possíveis aspectos, *a eficiência sobe ao palco para impor a confrontação entre custo e qualidade desses meios*. Somente após este exercício é que será possível aferir se certas medidas são mais ou menos eficientes para atender à finalidade a ser promovida. Mas como já ressalvamos, tudo isto se sucede no âmbito do primeiro momento da investigação da

162 *Ibid.* p. 14.

proporcionalidade-necessidade da medida. A decretação da eficiência (maior ou menor) das medidas para promover a finalidade não obsta o *segundo estágio* do exame do subdever da necessidade, consubstanciada na verificação do meio menos restritivo, em que se afere o grau de restrição às finalidades colateralmente afetadas pela adoção da medida. Tudo mais igual, em sendo apurada a necessidade da medida, segue-se para a análise da proporcionalidade em sentido estrito[163].

Numa aproximação dessa análise da eficiência frente aos acordos administrativos, a crítica de José Vicente Santos de Mendonça bem informa que não foram poucas as vezes em que se vindicou adoção de medida administrativa menos restritiva a direito fundamental de determinado indivíduo, sem que, na prática, se levasse a sério a eficiência da obtenção do propósito ao qual aquela medida se propunha alcançar. É digna de anotação a referência do mesmo autor de que não há nada próximo a um dever constitucional genérico de *suavidade* no trato particular. O dever de proporcionalidade-necessidade é uma exigência de minoração de efeitos lesivos *diante de alternativas que resultem em efeitos próximos.* Ao final, percucientemente, o mesmo autor vem a concluir que:

> A partir daí muitas das propostas de "consensualização" e de "flexibilização" caem por terra porque, (i) ou não servirão para a obtenção de resultados próximos a soluções de força ou (ii) porque não há metodologia capaz de demostrar que os resultados preferidos realizarão o objetivo de modo parecido (tudo o que há são afirmações que expressam muita confiança)[164].

Disto não se sucede, segundo também ressalva o mesmo autor, que não haja espaço para os acordos. O que não há espaço é para o uso indiscriminado e relaxado da ferramenta. Tal como ocorre com a proporcionalidade, os acordos devem atuar também como expressão da operacionalização do dever de *eficiência*, como reforço de justificação *por dentro* da realização do

[163] Ibid. p. 16-17.

[164] MENDONÇA, José Vicente Santos de. **Direito Constitucional Econômico: A intervenção do estado na economia à luz da razão pública e do pragmatismo**. 2ª ed. Belo Horizonte: Fórum, 2018. p 281-282.

exame de proporcionalidade. Esta característica é tão marcante que foi no específico trato dos acordos administrativos (§ 1º do art. 26 da LINDB) que a LINDB fez expressa menção à eficiência, deixando para o art. 20, que mais imediatamente dialoga com o 26, menções somente aos demais critérios elencados no § 1º do art. 26 da LINDB para a tomada de decisão, é dizer, proporcionalidade, equanimidade e comprometimento com os interesses gerais.

3.3.4.2.3. Compatibilidade com os interesses gerais

Da exigência de observância da compatibilidade com os "interesses gerais" se extrai, dentre outras coisas, um chamado para as partes e demais envolvidos não serem omissas, tampouco terem suas vontades desconsideradas. A conferência de efetiva relevância aos interesses dos envolvidos, como elemento indispensável para a qualidade do ato, passa a ser critério para que a Administração Pública — já obrigada pela proporcionalidade e eficiência — faça uso da via consensual. Aliando-se necessidade de compatibilização dos interesses gerais pelos acordos, bem assim o dever de proporcionalidade, anuncia-se uma cogente orientação de execução de esforços proativos tanto dos administradores públicos, como dos administrados, para se alcançar, no caso em concreto, uma apropriada solução, à luz das exigências contextuais.

Pela definição da compatibilidade com os interesses gerais enquanto critério decisório, se verifica, ademais, uma mudança sobre a recorrente invocação do "interesse público", sem que, aparentemente, isto se sintetize numa pura alteração de rótulos pela simples aplicação de novo jogo de palavras[165]. Fato é que a generalidade e abstração do "interesse público" sempre levaram a grandes dificuldades para a atividade de sua criteriosa identificação e conseguinte aplicação, ou melhor, compatibilização, traduzindo-se em soluções simplistas quando não ilegais. Afora isto, desta expressão ainda se evoca uma certa superioridade de interesses em jogo, subjugando os particulares (ou mesmo outros agentes

[165] Ressalvamos que o Instituto Brasileiro de Direito Administrativo editou enunciado para dizer que "A expressão 'interesse geral' prevista na LINDB significa 'interesse público', conceito que deve ser extraído do ordenamento jurídico". Disponível em: https://www.migalhas.com.br/arquivos/2019/6/art20190624-11.pdf. Acesso em: 15.11.2019.

públicos sob a batuta do poder controlador)[166]. Conquanto se diga que o interesse público não ocupa mais uma posição autoevidente de superioridade em relação aos interesses particulares[167], esta é apenas uma nova interpretação, não unânime e de lenta dispersão, que não guarda, pois, a mesma dinamicidade e projeção da indicação da busca direta pelo "interesse geral".

A invocação do "interesse geral" parece, adicionalmente, querer captar de forma mais objetiva e imediata a pluralidade e complexidade da atual dinâmica das relações, opondo-se à singularidade de um único (ou alguns poucos) interesse(s) envolvido(s). Na essência, o que o art. 26 faz é evocar diretamente a participação, tanto na faceta objetiva como na subjetiva, do cidadão interessado nos processos de estruturação das específicas decisões administrativas, sem prejuízo de outros comandos normativos também assegurem esta acessibilidade (*ex vi*, o art. 3º da Lei nº 9.784/99[168]). A decisão consensual deve ser encarada como um feixe de múltiplos interesses envolvidos, que somente ganham vida pela efetiva possibilidade de participação e pelo efetivo poder de influência

[166] Marçal Justem Filho observa que: "(...) pode ocorrer de a autoridade decidir em favor da Administração mediante a invocação genérica da 'supremacia do interesse público'. Nesse cenário, não haverá a subsunção dos fatos concretos ao direito aplicável ao caso, nem se procederá à identificação do interesse público concretamente existente. Haverá uma decisão predeterminada em favor de uma das partes, produzida sem vínculo efetivo com o direito vigente. A invocação ao 'interesse público' destina-se a reduzir o risco do controle da regularidade da decisão". (JUSTEN Filho, Marçal. **Art. 20 da LINDB: Dever de transparência, concretude e proporcionalidade nas decisões públicas.** Rev. Direito Adm., Rio de Janeiro, Edição Especial: Direito Público na Lei de Introdução às Normas de Direito Brasileiro – LINDB (Lei nº 13.655/2018), p. 13-41, nov. 2018. p. 28).

[167] KRELL, Andreas J. **Discricionariedade administrativa e conceitos legais indeterminados: limites do controle judicial no âmbito dos interesses difusos.** 2ª ed. rev., atual. e ampl. Porto Alegre: Livraria do Advogado Editora, 2013. p. 129.

[168] "Art. 3º O administrado tem os seguintes direitos perante a Administração, sem prejuízo de outros que lhe sejam assegurados: I – ser tratado com respeito pelas autoridades e servidores, que deverão facilitar o exercício de seus direitos e o cumprimento de suas obrigações; II – ter ciência da tramitação dos processos administrativos em que tenha a condição de interessado, ter vista dos autos, obter cópias de documentos neles contidos e conhecer as decisões proferidas; III – formular alegações e apresentar documentos antes da decisão, os quais serão objeto de consideração pelo órgão competente; IV – fazer-se assistir, facultativamente, por advogado, salvo quando obrigatória a representação, por força de lei".

dos envolvidos frente ao caso concreto a ser solucionado. O mote é que os participantes sejam convocados a compor as vontades a serem dirimidas, proporcionando a geração de efeitos positivos mais efetivos àqueles com quem a medida dialoga.

A dúvida, contudo, é saber como fazer a identificação das vontades dignas de tutela e, num segundo momento, a composição. A tarefa, outorgada tanto a administradores como a administrados, é complexa, mormente diante da diversidade de interesses que não raro se contrapõem para a solução do caso em concreto. Em verdade, *interesse geral* não pode ser sinônimo de *interesse de todos*, a ponto da negativa de apenas um dos interessados operar como um limite absoluto aos acordos[169]. Humberto Ávila, ao tratar de "interesse público" — o que define ser um postulado ético-político —, confere lição que entendemos passível de aproximação no tratamento dos "interesses gerais". Para o autor, não é possível definir o interesse público sem referência a uma situação concreta. Para a definição da medida mais adequada, é sugerida uma "ponderação entre interesses reciprocamente relacionados (interligados)"[170]. Ainda segundo o autor, "A ponderação deve, primeiro, determinar quais bens jurídicos envolvidos e as normas a eles aplicáveis e, segundo, procurar preservar e proteger, ao máximo, esses mesmos bens"[171]. Logo, verifica-se que o esforço há de ser a não conferência de posições prévias de vantagens ou pontos de partidas díspares no particular da aplicação das regras administrativas, bem assim a outorga aos envolvidos do direito de, pela participação, contribuir, em algum grau, para a definição do conteúdo do ato final[172].

169 Isto, porque, conforme ensinamento de Diogo de Figueiredo Moreira Neto "[...] nem todos os interesses dos indivíduos, em determinada sociedade, recebem tutela da ordem jurídica [...]".MOREIRA NETO, Diogo Figueiredo. **Curso de Direito Administrativo**. 12ª. Edição, Rio de Janeiro: Forense, 2002, p. 7.

170 ÁVILA, Humberto. **Repensando o "Princípio da Supremacia do Interesse Público sobre o Particular"**. RERE. Revista Eletrônica sobre a Reforma do Estado. Número 11 – setembro/outubro/novembro 2007. Salvador. p. 29.

171 Id. p. 29.

172 Em sentido similar, pontua Gustavo Binenbjom que "o melhor interesse público só pode ser obtido a partir de um procedimento racional que envolve a disciplina constitucional de interesses individuais e coletivos específicos, bem como um juízo de ponderação que permita a realização de todos eles na maior extensão possível. O instrumento deste raciocínio ponderativo

Outra dificuldade é incitar os envolvidos a apresentarem seus interesses fundamentadamente para o referido embate, ou melhor, ponderação. Grandes corporações certamente poderão contribuir para demonstrar a presença de relevante interesse geral e, em seguida, recorrerão à consulta pública (se houver), ao *lobby* parlamentar, dentre outras vias, devidamente aparelhados com as informações que podem fazer o processo decisório singrar para o resultado por elas almejado. Mas, e os demais que, possivelmente, somente irão se inteirar do acordo ocorrido após sentir os seus efeitos, muitas vezes deletérios?

Certamente, a menção à compatibilidade não se exaure numa atribuição vaga de um ônus argumentativos aos envolvidos. Se é verdade que cumprirá a estes se dedicarem ao processo participativo, perquirindo informações, manifestando vontades, subsidiando postulações, enfrentando ilegalidades, pelo critério da compatibilidade com os interesses gerais evidencia-se também a necessidade da administração pública e do(s) particular(es) acordante(s) suprirem, em boa medida, os custos difíceis de se conciliar para a exposição de interesses e vontades dos demais interessados. Pelo critério em destaque, passa a ser parte integrante do conjunto de elementos necessários ao correto uso da ferramenta consensual a estruturação de mecanismos que capacitem a todos os que diretamente se correlacionam com a medida o "direito de voz" e de influência, não bastando que a administração informe, por si, ter zelado pelo mérito dos interesses dos envolvidos[173].

Logo, embora um acordo possa ter alcançado um resultado, do ponto de vista substantivo, proporcional e mais eficiente em termos, por exemplo, de distribuição de recursos necessários ao exercício de determinados direitos, isto não fará dele uma expressão de vontade necessariamente legal. Se o resultado tiver sido atingido mediante processo decisório sem permissão para que os grupos de interesse diretamente atingidos em dada sociedade sejam de alguma forma ouvidos, do que é indicativo a falta de

é o postulado da proporcionalidade". (BINENBOJM, Gustavo. **Da Supremacia do Interesse Público ao Dever de Proporcionalidade: um paradigma para o direito administrativo**. Revista de Direito Administrativo. Rio de Janeiro, 239: 1–31,–Jan./Mar. 2005. p. 30)

173 A Lei nº 9.784/99 referenda a necessidade de oitiva: "Art. 32. Antes da tomada de decisão, a juízo da autoridade, diante da relevância da questão, poderá ser realizada audiência pública para debates sobre a matéria do processo".

institucionalização de mecanismos de participação e controle, a medida, na forma de acordo, há de ser reputada ilegal.

A consulta pública, com efeito, é apenas um dos mecanismos hábeis para tanto, podendo se suceder de outras formas, a exemplo do direito de petição em todo e qualquer procedimento administrativo que tramite sem confidencialidade, a qual, aliás, é exceção e deve estar juridicamente justificada. Mas é fato que, como já dissemos, mesmo à míngua de contribuições expressas — o que é recomendável —, a administração pública ainda permanece vinculada à observação e consideração dos interesses de todos os envolvidos isonomicamente. Em verdade, a falta de manifestação expressa dos administrados aumenta o ônus argumentativo da entidade pública que, no entanto, não se encontra obrigada a obter informações "completas". Como afirma Luhmann, "[...]ela tem sempre que decidir sob a condição de uma incerteza parcial, não pela não existência de informações suficientes, mas sim porque os esforços para o seu emprego, ou quanto ao esclarecimento da questão da sua existência, seriam demasiado dispendiosos"[174].

3.3.4.2.4. Equidade

Segundo José Vicente, "'equânime' é cognato associado à ideia de *fairness*, de distribuição equivalente de cargas"[175]. Num acordo, portanto, não se pode abrir mão de uma distribuição de ônus, sejam eles argumentativos ou obrigacionais, que conduza a distorções aviltantes sobre todos os interessados. Ao certo, é natural que o compromisso firmado entre as a administração pública e administrado(s), com (ou sem) efeitos sobre terceiros, possa alcançar desuniformemente os envolvidos. O agir estatal, ainda que pela via dialógica, tem potencial para produzir efeitos nem sempre idênticos sobre os cidadãos. Mas esta propensão deste agir deve se erigir (i) sem resvalar para a arbitrariedade, de forma aderente às

[174] LUHMANN, Niklas. **Legitimação pelo Procedimento.** Tradução: Maria da Conceição Côrte-Real. Brasília: Editora Universidade de Brasília, 1980, p. 172.

[175] MENDONÇA, José Vicente Santos. **Art. 21 da LINDB. Indicando consequências e regularizando atos e negócios.** *In*: Rev. Direito Administrativo, Rio de Janeiro, Edição Especial: Direito Público na Lei de Introdução às Normas de Direito Brasileiro – LINDB, p. 43-61, nov. 2018, p. 53.

capacidades dos envolvidos[176], (ii) sem prescindir de um exame acurado e meticuloso da situação fática em julgamento e (iii) sem desconsiderar, da mesma maneira, o peso dos bônus a serem percebidos por força da distribuição[177].

[176] MARQUES NETO, Floriano de A. **Art. 23 da LINDB: O equilíbrio entre mudança e previsibilidade na hermenêutica jurídica.** *In*: Rev. Direito Adm inistrativo, Rio de Janeiro, Edição Especial: Direito Público na Lei de Introdução às Normas de Direito Brasileiro – LINDB, p. 93-112, nov. 2018, p. 109.

[177] O Instituto Brasileiro de Direito Administrativo – IBDA editou "Enunciados relativos à interpretação da Lei de Introdução às Normas do Direito Brasileiro – LINDB e seus impactos no Direito Administrativo", dentre os quais, o que versa sobre equidade ficou assim ementado: "8. A expressão "equânime", sendo que, no particular da contida no parágrafo único do art. 21 da LINDB, não transmite conceito novo que não esteja previsto no ordenamento jurídico, remetendo às ideias de isonomia, razoabilidade, proporcionalidade, equidade e ponderação dos múltiplos interesses em jogo". Disponível em: https://www.migalhas.com.br/arquivos/2019/6/art20190624-11.pdf. Acesso em: 15.11.2019.

4.
Do Processo ao Produto (na Forma de Acordo Administrativo)

4.1. Da Crítica ao Art. 26 da LINDB à Demanda por Processo

Como é possível verificar pela leitura do capítulo anterior, os desígnios da LINDB, no particular dos acordos, são ambiciosos. O § 1º do seu art. 26 parece investir numa exigente metodologia decisória focada na otimização de transações específicas pelo aproveitamento máximo de informações e habilidades do gestor. Esta empreitada, com efeito, passa ao largo do trivial. Configura-se, na prática, iniciativa digna de preocupação, pois encerra percurso cuja plausibilidade, pela via da racionalidade — em especial estamos a nos remeter aos vieses da cognição, capacidades epistêmicas limitadas, além da escassez de tempo e recursos —, é questionável, para não dizer crítica[178].

Ademais, mesmo considerando uma eventual plausibilidade das séries argumentativas subjacentes aos acordos administrativos serem desenvolvidas à luz da norma, valorar estados do mundo com base nas prescrições do § 1º do Art. 26 da LINDB (proporcionalidade, equanimidade, eficiência

[178] Baldwin, Cave e Lodge afirmam que "Rules may fail for a number of reasons, for example, because they are too vague or too long and complex to understand readily or to enforce". (BALDWIN, Robert; CAVE, Martin; LODGE, Martin. **Understanding Regulation Theory, Strategy and Practice**. 2ª ed. Oxford: Oxford University Press, 2012, p. 230)

e interesses gerais), sem a prévia determinação de um significado estável dessas expressões, pode empurrar o administrador público para uma escolha que segue inconfundivelmente cercada de indeterminação[179], tal quanto estivesse simplesmente recorrendo a valores vagos — que os próprios administradores dizem o que significam — para justificar suas decisões. As prescrições indicadas no dispositivo em pauta, ainda que já conhecidas, não implicam num amplo consenso sobre as etapas pelas quais as análises dos acordos devem passar e, mais, sobre quais são as consequências relevantes das diferentes alternativas, sob as lentes do art. 20 da LINDB, a serem consideradas para o pronunciamento decisório (*e.g.*: econômicas, sociais, ambientais).

A partir da compreensão de que as pessoas são limitadamente racionais, o Direito deve levar isso em conta na elaboração de proposições normativas. Por força da determinação de comportamentos, as normas, com alguma pretensão de efetividade, devem compreender seus destinatários, pelo que, por derivação, compreender a racionalidade humana real torna-se relevante para o direito. Nesse sentido, Christine Jolls e Cass Sunstein afirmam que:

> Na medida em que normas jurídicas são desenhadas com base em seus efeitos antecipados sobre o comportamento, racionalidade limitada é obviamente relevante para formulação de políticas normativas. Mas uma questão importante e negligenciada é precisamente sobre como a racionalidade limitada é importante para formulação de políticas normativas. A possibilidade mais óbvia é que, dada a demonstração de existência e importância de um aspecto particular da racionalidade limitada, o direito deve ser estruturado para presumir a persistência de características particulares do comportamento humano[180].

[179] LEAL, Fernando. **Inclinações Pragmáticas do Direito Administrativo: nova agenda, novos problemas. O caso do PL 349/15**. *In*: LEAL, Fernando; MENDONÇA, José Vicente Santos de (org). Transformações do Direito Administrativo: consequencialismo e estratégias regulatórias. Rio de Janeiro: Escola de Direito do Rio de Janeiro da Fundação Getúlio Vargas, 2016.

[180] No original: "To the extend that legal rules are designed on the basus of their antecipated effects on behavior, bounded rationality is obviously relevant to the formulation of legal police. But an important and underaddressed question is precisely how it is relevant to the formulation of legal policy. The most obvious possibility is that, given a demonstration of the existence

E já que as pretensões auspiciosas do artigo 26 da LINDB parecem não tanto prestar deferência às reais capacidades dos tomadores de decisão medianos, ao mesmo tempo em que a via dos acordos administrativos indica ser, na prática, útil à dinâmica e complexidade dos assuntos que a administração pública é posta a julgar, importa buscar remédio que aproxime o decisor ao máximo de uma racionalização à luz das pretensões do dispositivo, evocando um sistema mais preocupado em evitar inconsistências óbvias. Do contrário, é possível que o sistema se desintegre numa mera quantidade de decisões isoladas que nada têm a ver entre si e, no limite, que nada têm a ver com aquilo que a LINDB formalmente se predispõe a entregar, a saber: a segurança jurídica.

É bem verdade que a busca não é por uma trilha argumentativa que desague em exatidão ou na decisão certa, mas pelas especificações daquilo que — em reforço aos sentidos jurídicos expostos no Capítulo 3 — é necessário para uma operacionalização ordenada e provida de mínima consistência, em primeiro lugar, com as próprias prescrições do art. 26 da LINDB, e, ao cabo, entre as sucessivas decisões pela via transacional, o que conferiria tração favorável à estabilização do sistema, em detrimento de uma seletividade errática, ou mesmo odiosa.

A empreitada deve perpassar pela instrumentalização processual do operador para que possa, embora despropositadamente ou mesmo inconscientemente, fugir de razões que mais revelam íntimos pontos de vista e, ao revés, apresentar ordenações de ideias verdadeiramente vincadas nas exigências jurídicas do art. 26 e legislação correlata, sem prejuízo de outros elementos necessários à negociação, a ponto de se criar uma identidade não só reconhecível, como passível de ser reutilizada de modo mais generalizador. O esforço, como se verifica, é pela segurança jurídica, repetimos, o mote principal das alterações introduzidas pela Lei nº 13.655/2018 na LINDB, externado especificamente no seu art. 30[181].

and importance of a particular aspect of bounded rationality, the law should be structured to presume the persistence of that particular feature of human behavior". (SUNSTEIN, CASS R; JOLLS, Christine. Debiasing Through Law. **The Journal of Legal Studies 35,** p. 199-241, jan. 2006. p. 200)

181 "Art. 30. As autoridades públicas devem atuar para aumentar a segurança jurídica na aplicação das normas, inclusive por meio de regulamentos, súmulas administrativas e respostas a consultas".

Paralelamente, se enxerga, outrossim, no "processo formalizado" potencial capaz de incrementar o *accountability* dos sujeitos envolvidos — e não apenas do administrador público —, uma vez que haverá expressa demanda pela exposição da compatibilidade do programa consensual aplicado ao caso frente o enredo legal que lhe subjaz. Tanto o público geral, como principalmente aquele afetado pelo acordo, poderá acessar o senso que guiou os responsáveis pela escolha administrativa, a ponto de autorizar a conferência (ou não) da legitimidade legal do argumentado e, em última análise, do próprio acordo, enquanto feixe de direitos e deveres. Em outras palavras, a interpretação contextual passa a ser, pelo ritmado e pré-estabelecido processamento de informações, menos independente, favorecendo a confiança em julgamentos profissionais, sem prejuízo da anunciada maior margem de controlabilidade[182].

Este alinhamento procedimental, na prática, se presta a operar num ambiente em que o *accountability* não mais está centrado nos seus formatos mais tradicionais de checagem pelo poder público, isto é, o legal e o político. Vive-se o tempo da administração pública policêntrica, do diálogo institucional, do dinamismo e complexidade das decisões administrativas, da tomada de decisão sob condições de riscos e incertezas radicais, da ruptura de dogmas como a supremacia do interesse público e da sua indisponibilidade, do revigoramento da transparência, da aplicação progressiva da lógica da consensualidade (no seu formato mais abrangente), donde se infere estar a capacidade do administrador público no centro das atenções.

Observando a questão de maneira reversa, o processo servirá também de instrumento de proteção deste administrador tão demandado, e, principalmente, tão necessário para avanços estruturais, mas ainda contido pelo temor da responsabilização pessoal, verdadeiro fio condutor quer do "apagão das canetas", quer da fixação em se insistir atribuir o título

[182] No quadrante da controlabilidade, Odete Medauar afirma que "o processo administrativo representa instrumento de objetivação do poder para evitar ou dificultar que motivos e fins subjetivos informem a tomada de decisões, pois nele se contrapõem argumentos, dados e fatos, que permanecem registrados; se móveis subjetivos, mesmo assim, afetarem a decisão, torna-se mais fácil o controle administrativo e jurisdicional". (MEDAUAR, Odete. **A processualidade no direito administrativo**. São Paulo: Editora Revista dos Tribunais, 1993, p. 90)

de "exemplar" ao servidor que pune (ainda que, por exemplo, seus autos de infração sejam sucessivamente anulados *a posteriori* em sede administrativa ou judicial, em claro desfavor, ao menos econômico, à própria administração)[183].

Em havendo, pois, a proposição por um detalhamento processual para se domesticar as escolhas decisórias pela via dos acordos administrativos, é preciso nos imiscuirmos nas peças de lei que conferem, em alguma medida, uma contenção dessa natureza. Mas antes, não se pode deixar de assumir, ou melhor, identificar que também há ordens de problema ínsitas à via processual. As mais determinantes, correlacionadas à demanda por um maior escrutínio na conferência de razões de forma extensiva, orbitam sobre a profundidade destas exigências, na medida em que quanto mais severas forem, mais provável é que se adicione tempo e custos para a edição da decisão, além de ser possível que se esteja a desincentivar o gestor público a se submeter a este processo e, consequentemente, à própria via

[183] Em sentido similar a respeito da atuação do servidor público, anota Hugo de Brito Machado Segundo, em texto sobre a MP 899/2019 (versa sobre transação tributária), que grassa no seio da administração tributária "medo, generalizado, que as autoridades têm, de tomar decisões que favoreçam particulares, em detrimento da Fazenda Pública. O servidor fazendário que lavre muitos autos de infração, impondo duras exigências aos contribuintes, será considerado 'exemplar' e 'muito sério', mesmo que seus autos sejam posteriormente anulados na via administrativa ou no âmbito judicial. É possível mesmo que na repartição se lhe conceda uma medalha pelos "esforços em prol dos interesses da coletividade". Mas aquele fiscal que reconheça isenções, ou desconstitua cobranças ilegais, talvez comece a inspirar suspeitas nos colegas... Isso explica a injustificável escassez de casos em que se vê aplicado o art. 316, § 1.º, do Código Penal, que diz ser crime a autoridade exigir tributo que sabe ou deveria saber indevido, ou, quando devido, se emprega na cobrança meio vexatório ou gravoso, que a lei não autoriza. Autoridades sofrem persecução penal quando *deixam de cobrar* o tributo. Mas raramente, ou mesmo nunca, quando cobram o que não deveriam. Com isso, na dúvida, ausente uma disposição legal ou uma orientação normativa interna claríssima em favor do cidadão, adota-se o entendimento contrário a este e favorável ao Estado, ainda que seguido de um conselho pessoal ao cidadão inconformado: "*- Vá para a Justiça, que o Sr. tem razão! Mas eu não posso reconhecer isso administrativamente, porque, o Sr. sabe, eu 'tenho que me preservar'...*". (MACHADO SEGUNDO, Hugo de Brito. **MP do "contribuinte legal" reacende a discussão sobre a transação tributária**. Disponível em: https://www.conjur.com.br/2019-out-30/consultor-tributario-mp-contribuinte-legal-reacende-debate-transacao-tributaria. Acesso em: 10/11/2019).

dialógica[184]. No entanto, cremos que esta ordem de problemas se encontra posicionada no uso extremo da ferramenta, do qual não compartilhamos, até mesmo por entendermos que há apenas um comedido núcleo mínimo procedimental a ser percorrido, o que naturalmente não impede outras proposições a depender da instituição, setor econômico ou mesmo do próprio caso em análise.

4.2. A Legislação Esparsa e a Processualização dos Acordos Administrativos

Após a análise do art. 26 da LINDB, a identificação dos seus problemas e o anúncio da processualização como forma de racionalizar a decisão na forma de acordo administrativo, é preciso identificar quais exigências deste jaez se encontram previstas na legislação esparsa, sem prejuízo daquelas derivadas do próprio art. 26, em especial do seu § 1º. O esforço continua a ser de índole dogmática, com vistas a assegurar a repetição do trajeto em casos similares futuros na estruturação acordos, sem prejuízo da apresentação de propostas que, a seu turno, se valerão da premissa de que "os artifícios da construção jurídica dependem de que não sejam muito exigentes"[185].

[184] Baldwin, Cave e Lodge são os responsáveis por este diagnóstico. Veja-se: "Procedural fairness is said to be an important aspect of any regulator's legitimacy. The contemporary interest in 'deck-stacking' in the institutional design literature reflects this interest in steering behavior thought procedural means. As a result, the wider literature has noted a number of key mechanisms for controlling and constraining discretionary decision-making. Examples include, in the first instance, *reason-giving*. Demanding extensive 'reason-giving' places emphasis on requirements that regulators publish their decision-criteria, the options under consideration, and their respective anticipated consequences, together with relevant data and evidence. Such requirements are often already part of the consultative programme of regulators, but the further these instructions go, and the more legally binding they become, the more they are likely to add to decision-making time. Increasing procedural stringency is also likely to incentivize the regulator to avoid the sorts of regulatory actions that will call for resort to such processes". (BALDWIN, Robert; CAVE, Martin; LODGE, Martin. **Understanding Regulation Theory, Strategy and Practice**. 2ª ed. Porto Alegre: bookman, 2010, p. 340)

[185] "*Los artifícios de la construcción jurídica dependen de que no se les exija demasiado*". LUHMANN, Niklas. **Sistema Juridico y Dogmatica Juridica**. Traduzido por Ignacio de Otto Pardo. Madrid: Centro de Estudios Constitucionales, 1983, p. 72.

Naturalmente, a análise não será sobre todas as peças legislativas, dada a dificuldade de se catalogar por inteiro a produção dos três níveis da administração pública brasileira. Em verdade, ela se circunscreverá às normas aplicáveis a todos os níveis da federação e alguns destacados comandos que conferem bons vestígios para a edificação de acordos capazes de espelhar um maior nível de segurança não apenas para as partes, mas principalmente para todo o sistema jurídico.

4.2.1. O Decreto Federal nº 9.830/2019

Nada é mais coerente do que principiar esta linha de raciocínio pelas prescrições do próprio decreto regulamentador dos artigos 20 ao 30 da LINDB que, em alguma medida, veio a confirmar a hipótese sustentada neste estudo, isto é, da necessidade de estabelecimento de um procedimento objetivo a ser percorrido para a operacionalização do art. 26 da LINDB. Nos parece, vale adiantar, indubitável que o Decreto nº 9.830/2019 conferiu alguns avanços.

O primeiro destes avanços, na seção intitulada "Motivação e decisão", foi aclarar no § 1º do seu art. 3º a definição de "valores jurídicos abstratos", delineados no art. 20 da LINDB, a saber: "valores jurídicos abstratos aqueles previstos em normas jurídicas com alto grau de indeterminação e abstração"[186]. Ainda no particular do art. 20 da LINDB, em boa hora o § 2º do art. 3º do Decreto[187] prescreveu quais consequências devem ser consideradas pelo administrador, o que traz uma dose de tranquilidade ao dispor sobre alternativas e consequências "disponíveis", sem pretensões exaustivas típicas daqueles que (des)qualificam ações pretéritas valendo-se da abrangência e precisão conferidas somente pelas lentes desembaçadas do presente. Ainda no particular da aquilatação de meios e consequências, conquanto tenha tornado expressa a exigência de aferição da proporcionalidade no § 3º do mesmo art. 3º (o que é positivo quando

[186] Veja que esta leitura converge com o Enunciado 6, editado pelo IBDA, a respeito das alterações introduzidas na LINDB: "6. A referência a 'valores jurídicos abstratos' na LINDB não se restringe à interpretação e aplicação de princípios, abrangendo regras e outras normas que contenham conceitos jurídicos indeterminados".

[187] "§ 2º Na indicação das consequências práticas da decisão, o decisor apresentará apenas aquelas consequências práticas que, no exercício diligente de sua atuação, consiga vislumbrar diante dos fatos e fundamentos de mérito e jurídicos.".

verificada esta exata exigência para a estruturação dos acordos, conforme §1º do art. 26 da LINDB), este mesmo dispositivo traz um comprometimento de alto nível — a saber: "razoabilidade" — que se notabiliza, se utilizado o seu significado comum, pela indeterminação, o que pode vir a entregar mais incerteza na operacionalização do argumento.

Razoabilidade, apenas para que fique demarcado o seu mais preciso raio técnico de ação, em detrimento do seu uso retórico (e não sistemático), é medida que implica "rejeitar atos que sejam excepcionalmente irrazoáveis". Na forma da clássica decisão Wednesbury, proferida em 1948 na Inglaterra, se uma decisão é de tal forma irrazoável, que nenhuma autoridade razoável a tomaria, então pode a corte intervir. Diferencia-se, pois, da regra da proporcionalidade, como afirma Virgílio Afonso da Silva, ao se revelar "muito menos intenso do que os testes que a regra da proporcionalidade exige, destinando-se a meramente afastar atos absurdamente irrazoáveis"[188]. Daí, tem-se que nem sempre o que é desproporcional será, necessariamente, irrazoável. Mas, se visto em reversão, é certo que se o administrador público, ao considerar nos acordos o incremento motivacional do decreto em testilha, deve de plano rechaçar medidas irrazoáveis, sem sequer se imiscuir no critério da proporcionalidade, o que, se bem analisado, pode ser útil para facilitar a persecução de uma resposta mais apropriada para o caso.

Superando o tratamento regulamentador das alternativas e consequências — que, repetimos, deverão ser consideradas e externadas no processo pela via dialógica (inclusive a de não transacionar) —, seguimos para o art. 10º do Decreto nº 9.830/19[189], cuja pretensão é especificamente dar

[188] SILVA, Virgílio Afonso da. **O Proporcional e o Razoável**. Revista dos Tribunais. v.798 (2002): 23-50. p. 29.

[189] "**Compromisso** Art. 10. Na hipótese de a autoridade entender conveniente para eliminar irregularidade, incerteza jurídica ou situações contenciosas na aplicação do direito público, poderá celebrar compromisso com os interessados, observada a legislação aplicável e as seguintes condições: I – após oitiva do órgão jurídico; II – após realização de consulta pública, caso seja cabível; e III – presença de razões de relevante interesse geral. § 1º A decisão de celebrar o compromisso a que se refere o caput será motivada na forma do disposto no art. 2º. § 2º O compromisso: I - buscará solução proporcional, equânime, eficiente e compatível com os interesses gerais; II - não poderá conferir desoneração permanente de dever ou condicionamento de direito reconhecido por orientação geral; e III – preverá: a) as obrigações das partes; b) o prazo e o modo para seu cumprimento; c) a forma de fiscalização quanto a

tratamento ao art. 26 da LINDB. Embora, em grande parte, o regulamento reprise aqui as disposições da LINDB, é possível extrair vantagens de sua delimitação, e a maior delas é a específica determinação da existência de um "processo" como supedâneo de qualquer decisão cujo escopo seja a celebração de um compromisso pela administração pública. Pode parecer pouco, mas, num terreno de meras suposições sobre a exigibilidade de um processo, a indicação reflete e obriga o que reputamos ser mais essencial na estruturação de um acordo, forte na premissa de que o processo tem aptidão para alterar *o que* está sendo feito e não apenas *como* se faz, sem prejuízo do incremento da transparência, controlabilidade e coerência.

Ao se mencionar "processo", não há uma identificação ou limitação àquele que se desenvolve pela via jurisdicional. O processo invoca sequência ordenada de atos dirigidos a um ato final com a participação dos interessados, isto é, daqueles que terão a sua esfera jurídica atingida pela eficácia do ato, sendo empregado não somente no exercício da função jurisdicional, mas também da atividade administrativa[190]. Consoante lição de Cândido Rangel Dinamarco, o procedimento é "um sistema de atos

sua observância; d) os fundamentos de fato e de direito; e) a sua eficácia de título executivo extrajudicial; e f) as sanções aplicáveis em caso de descumprimento. § 3º O compromisso firmado somente produzirá efeitos a partir de sua publicação. § 4º O processo que subsidiar a decisão de celebrar o compromisso será instruído com: I – o parecer técnico conclusivo do órgão competente sobre a viabilidade técnica, operacional e, quando for o caso, sobre as obrigações orçamentário-financeiras a serem assumidas; II – o parecer conclusivo do órgão jurídico sobre a viabilidade jurídica do compromisso, que conterá a análise da minuta proposta; III – a minuta do compromisso, que conterá as alterações decorrentes das análises técnica e jurídica previstas nos incisos I e II; e IV – a cópia de outros documentos que possam auxiliar na decisão de celebrar o compromisso. § 5º Na hipótese de o compromisso depender de autorização do Advogado-Geral da União e de Ministro de Estado, nos termos do disposto no § 4º do art. 1º ou no art. 4º-A da Lei nº 9.469, de 10 de julho de 1997, ou ser firmado pela Advocacia-Geral da União, o processo de que trata o § 3º será acompanhado de manifestação de interesse da autoridade máxima do órgão ou da entidade da administração pública na celebração do compromisso. § 6º Na hipótese de que trata o § 5º, a decisão final quanto à celebração do compromisso será do Advogado-Geral da União, nos termos do disposto no parágrafo único do art. 4º-A da Lei nº 9.469, de 1997".

[190] BARCELLAR FILHO, Romeu Felipe. **Ato Administrativo e Procedimento Administrativo.** *In*: Tratado de Direito Administrativo. Org. Maria Sylvia Zanella Di Pietro. 2ª ed. São Paulo: Revista dos Tribunais, 2019. P. 447.

interligados numa relação de dependência sucessiva e unificados pela finalidade comum de preparar o ato final de consumação do exercício do poder"[191]. Ele, procedimento, manifesta-se como processo quando adicionada a cooperação de sujeitos, sob as luzes do contraditório. Daí, tem-se que o art. 10º do Decreto nº 9.830/19, ao mencionar "processo" como predicador da celebração de um compromisso, quer reivindicar a exigência, na esfera federal, de um procedimento previamente estabelecido, singularizado pela imprescindibilidade da cooperação dos interessados para a edificação do resultado final.

Como não poderia deixar de ser, o processo previsto no § 4º do art. 10º em testilha não se exaure pela abertura ao contraditório. Ele também demanda: "I - o parecer técnico conclusivo do órgão competente sobre a viabilidade técnica, operacional e, quando for o caso, sobre as obrigações orçamentário-financeiras a serem assumidas; II - o parecer conclusivo do órgão jurídico sobre a viabilidade jurídica do compromisso, que conterá a análise da minuta proposta; III - a minuta do compromisso, que conterá as alterações decorrentes das análises técnica e jurídica previstas nos incisos I e II; e IV — a cópia de outros documentos que possam auxiliar na decisão de celebrar o compromisso". Para além disso, o dispositivo ainda amarra o fechamento do compromisso com as prescrições do § 4º do art. 1º[192] e art. 4º-A[193] da Lei nº 9.469/97, num justo

[191] DINAMARCO, Cândido Rangel. **A instrumentalidade do processo**. 5 ed. São Paulo: Malheiros, 1996. p. 131.

[192] "§ 4º Quando o litígio envolver valores superiores aos fixados em regulamento, o acordo ou a transação, sob pena de nulidade, dependerá de prévia e expressa autorização do Advogado-Geral da União e do Ministro de Estado a cuja área de competência estiver afeto o assunto, ou ainda do Presidente da Câmara dos Deputados, do Senado Federal, do Tribunal de Contas da União, de Tribunal ou Conselho, ou do Procurador-Geral da República, no caso de interesse dos órgãos dos Poderes Legislativo e Judiciário ou do Ministério Público da União, excluídas as empresas públicas federais não dependentes, que necessitarão apenas de prévia e expressa autorização dos dirigentes de que trata o caput".

[193] "Art. 4º-A. O termo de ajustamento de conduta, para prevenir ou terminar litígios, nas hipóteses que envolvam interesse público da União, suas autarquias e fundações, firmado pela Advocacia-Geral da União, deverá conter: I – a descrição das obrigações assumidas; II – o prazo e o modo para o cumprimento das obrigações; III – a forma de fiscalização da sua observância; IV – os fundamentos de fato e de direito; e V – a previsão de multa ou de sanção administrativa, no caso de seu descumprimento. Parágrafo único. A Advocacia-Geral da União poderá solicitar aos órgãos e entidades públicas federais manifestação sobre a viabilidade técnica, operacional

exercício de compatibilização da medida com toda a legislação federal que a rege.

4.2.2. O Código de Processo Civil e a Lei de Mediação (Lei nº 13.140/ /2015)

De ordem mais abrangente, porquanto não restrita à esfera federal, verifica-se que no Código de Processo Civil (CPC) existem dois dispositivos imediatamente aplicáveis aos processos associados aos acordos administrativos. O primeiro deles é o seu art. 15[194], que abre a possibilidade para as regras do CPC serem utilizadas supletivamente na falta de regras processuais no âmbito da administração pública. Apesar de inovadora a previsão legal, fato é que, na prática, sugere muito pouco. Veja-se que o CPC é um agregado de 1.072 artigos, com diversas disposições específicas e também abrangentes, aplicáveis a ritos distintos, o que faz de sua utilidade para a administração um potencial sorvedouro de incertezas, a culminar na instabilidade dos atos exarados à mingua de observância de suas regras. Já o segundo destes dispositivos, a saber, o art. 174[195], traz aprimoramento técnico cuja acuidade, para os acordos administrativos, é consideravelmente maior.

Diz o aludido art. 174 que a administração pública (Federal, Estadual e Municipal) criará câmaras administrativas para a solução consensual de conflitos. A Lei nº 13.140/2015, em seu art. 32 §§ 1º ao 5º, traz regras gerais para o funcionamento destas câmaras, veja-se:

> "§ 1º O modo de composição e funcionamento das câmaras de que trata o caput será estabelecido em regulamento de cada ente federado. § 2º A submissão do conflito às câmaras de que trata o caput é facultativa e será cabível

e financeira das obrigações a serem assumidas em termo de ajustamento de conduta, cabendo ao Advogado-Geral da União a decisão final quanto à sua celebração".

194 "Art. 15. Na ausência de normas que regulem processos eleitorais, trabalhistas ou administrativos, as disposições deste Código lhes serão aplicadas supletiva e subsidiariamente".

195 "Art. 174. A União, os Estados, o Distrito Federal e os Municípios criarão câmaras de mediação e conciliação, com atribuições relacionadas à solução consensual de conflitos no âmbito administrativo, tais como: I – dirimir conflitos envolvendo órgãos e entidades da administração pública; II – avaliar a admissibilidade dos pedidos de resolução de conflitos, por meio de conciliação, no âmbito da administração pública; III – promover, quando couber, a celebração de termo de ajustamento de conduta".

> apenas nos casos previstos no regulamento do respectivo ente federado. § 3º Se houver consenso entre as partes, o acordo será reduzido a termo e constituirá título executivo extrajudicial. § 4º Não se incluem na competência dos órgãos mencionados no caput deste artigo as controvérsias que somente possam ser resolvidas por atos ou concessão de direitos sujeitos a autorização do Poder Legislativo. § 5º Compreendem-se na competência das câmaras de que trata o caput a prevenção e a resolução de conflitos que envolvam equilíbrio econômico-financeiro de contratos celebrados pela administração com particulares".

A instituição destas câmaras é facultativa, à luz tanto do *caput* do art. 32 da Lei nº 13.140/2015, cuja redação revela que "A União, os Estados, o Distrito Federal e os Municípios poderão criar câmaras de prevenção e resolução administrativa de conflitos", como do art. 175 do CPC, ao estatuir que o artigo 174 e demais dispositivos a compor a Seção V ("Dos Conciliadores e Mediadores Judicias") do *Codex* "não excluem outras formas de conciliação e mediação extrajudiciais vinculadas a órgãos institucionais ou realizadas por intermédio de profissionais independentes, que poderão ser regulamentadas por lei específica". Mas em sendo instauradas as câmaras, segundo o mesmo art. 32 da Lei nº 13.140/2015, suas competências, praticamente idênticas àquelas descritas no art. 174 do CPC, abrangerão: "I - dirimir conflitos entre órgãos e entidades da administração pública; II - avaliar a admissibilidade dos pedidos de resolução de conflitos, por meio de composição, no caso de controvérsia entre particular e pessoa jurídica de direito público; III - promover, quando couber, a celebração de termo de ajustamento de conduta"[196].

Ainda sobre a decisão por câmaras e, por derivação, no formato colegiado, temos que é altamente recomendável a sua instituição, a despeito do dito caráter facultativo. Sem isto, é possível que um mesmo decisor sobre os acordos na esfera administrativa venha combinar persecução com a função de transigir, o que lhe torna potencialmente enviesado.

[196] O Enunciado nº 398 do Fórum Permanente de Processualistas Civis pontua que "As câmaras de mediação e conciliação têm competência para realização de conciliação, no âmbito administrativo, de conflitos judiciais e extrajudicias".

A se seguir desta forma, haverá, consequentemente, um risco que beira ao intolerável de haver também uma decisão enviesada.

A criação de uma câmara independente, além de combater o aludido mal, pela via da sabedoria das multidões, *in casu*, de alguns julgadores, poderia chegar a respostas superiores para o caso, afora o fato de representarem uma dificuldade para a captura dos membros que se ajuntam, sem perderem, no entanto, suas convicções morais individuais. Conforme escreve James Surowiecki, "grupos são notavelmente inteligentes, e geralmente são mais espertos do que as pessoas mais inteligentes que o compõem"[197] e isto, como o mesmo autor vem a concluir, "é uma coisa boa, uma vez que seres humanos não são tomadores de decisão perfeitamente desenhados"[198]. Mas não é só. A decisão por uma câmara tem potencial para investir num catálogo de precedentes a ser reivindicado em face de divergências argumentativas, o que pode desaguar em maior estabilidade e isonomia.

Retomando ao Código de Processo Civil em si, tem-se que os seus comandos de estabilidade decisória, em especial o delineado no seu art. 926[199], aliados às prescrições do art. 30 da LINDB[200], evocam a necessidade de, também no manejo de acordos administrativos, criar-se mecanismos aptos a definir certa linearidade, numa espécie de exaltação ao tratamento isonômico e impessoal. É claro que as circunstâncias podem mudar de um caso para outro, mas disto *não decorre* a imprestabilidade de um sistema de criação, controle e aplicação de precedentes, com tração para exaltar a

[197] "[...] groups are remarkbly inteligent, and are often smarter than the smartest people in them [...]". SUROWIECKI, James. **The Wisdom of Crowds: why the many are smartes than the few and how collective wisdom shapes business, economies, societies, and nations.** Kindle (2005) n.p.

[198] "This is a good thing, since human beings are not perfectly designed decision makers". Id. n.p.

[199] "Art. 926. Os tribunais devem uniformizar sua jurisprudência e mantê-la estável, íntegra e coerente.

§ 1º Na forma estabelecida e segundo os pressupostos fixados no regimento interno, os tribunais editarão enunciados de súmula correspondentes a sua jurisprudência dominante.

§ 2º Ao editar enunciados de súmula, os tribunais devem ater-se às circunstâncias fáticas dos precedentes que motivaram sua criação".

[200] "Art. 30. As autoridades públicas devem atuar para aumentar a segurança jurídica na aplicação das normas, inclusive por meio de regulamentos, súmulas administrativas e respostas a consultas".

coerência em suas dimensões interna (de não contradição) e externa (de conexão positiva de sentidos)[201]. O que, de fato, *decorre* é um ônus do(s) administrador(es) de justificação transparente e de exercício de controle intersubjetivo de suas decisões, por meio de um dever de autorreferência, isto é, de dialogar com os precedentes, até para definir a necessidade de não aplicá-los (*distinguishing*) ou mesmo para superá-los (*overruling*)[202].

4.2.3. A Lei Federal de Processo Administrativo (Lei nº 9.784/99)

Neste esforço dogmático, não poderia faltar a alusão à lei que estabelece regras básicas sobre o processo administrativo no âmbito da administração pública federal, verdadeiro marco legal na procedimentalização de condutas dos administradores. Muito embora federal, esta lei inspirou a criação ou ajuste de diversas leis estaduais e municipais, ou mesmo vem sendo aplicada subsidiariamente por estes Entes, em apoio à uma mínima ordenação de formalidades com foco na formação de uma vontade funcional a ser exteriorizada, com efeitos sobre os administrados.

Pelo seu art. 1º[203], esta lei se assume como ferramenta para inibir que administrados, em verdadeira ou potencial rota de colisão com as pretensões da administração pública, não vejam seus direitos se esvaírem de forma despótica. Sem prejuízo, também não abdica de regular o cumprimento das finalidades que a administração se incumbe (art. 1º, parte final). Destes elementos, se dessume que a sua presteza para os acordos administrativos — por sua natureza, consensual — não é integral, mas marginal.

Em específico, o que há de maior relevo para a estruturação de um acordo a partir desta lei é: (i) a definição de diversos critérios, direitos e deveres de observância compulsória pelo administrador público e pelo

[201] ÁVILA, Humberto Bergmann. **Teoria dos Princípios: da definição à aplicação dos princípios jurídicos**. São Paulo: Malheiros, 2011. p. 140.

[202] O respeito aos precedentes engloba o ato de segui-los, distingui-los ou revogá-los, jamais ignorá-los. (BARBOZA, Estefânia Maria de Queiroz. **Precedentes judiciais e segurança jurídica — fundamentos e possibilidades para a jurisdição constitucional brasileira**. São Paulo: Saraiva, 2014, p. 235)

[203] "Art. 1º Esta Lei estabelece normas básicas sobre o processo administrativo no âmbito da Administração Federal direta e indireta, visando, em especial, à proteção dos direitos dos administrados e ao melhor cumprimento dos fins da Administração".

administrado (art. 2º[204], 3º[205] e 4º[206]), dentre os quais exaltamos a objetividade, publicidade, indicação de pressupostos de fato e de direito não apenas do acordo em si (o que seria ônus da Administração), mas também da sua potencial viabilidade já no momento em que o particular se dirige ao Poder público em busca do consenso (o que seria ônus argumentativo do Administrado), bem como a interpretação da norma alinhada ao fim público a que se dirige; e (ii) a não exigência de uma forma determinada para os atos do processo (art. 22, *caput*), conquanto deva ser produzidos por escrito[207].

4.2.4. Os Princípios de Ordem Processual

A finalidade precípua dos princípios, como acentua a doutrina, é de garantir unidade aos vários processos administrativos de cada um dos poderes. Fato é que, em meio às inúmeras regras de natureza processual existentes, os influxos processuais principiológicos operam como fio condutor para garantir uma sistematização coerente com os desígnios constitucionais. Embora a doutrina não tenha chegado a um elenco

[204] "Parágrafo único. Nos processos administrativos serão observados, entre outros, os critérios de: III – *objetividade* no atendimento do interesse público, vedada a promoção pessoal de agentes ou autoridades; V – *divulgação* oficial dos atos administrativos, ressalvadas as hipóteses de sigilo previstas na Constituição; VI – *adequação entre meios e fins*, vedada a imposição de obrigações, restrições e sanções em medida superior àquelas estritamente necessárias ao atendimento do interesse público; VII – *indicação dos pressupostos de fato e de direito* que determinarem a decisão; XIII – *interpretação da norma administrativa da forma que melhor garanta o atendimento do fim público a que se dirige*, vedada aplicação retroativa de nova interpretação." (grifou-se)

[205] "Art. 3º O administrado tem os seguintes direitos perante a Administração, sem prejuízo de outros que lhe sejam assegurados: III – formular alegações e apresentar documentos antes da decisão, os quais serão objeto de consideração pelo órgão competente; "

[206] "Art. 4º São deveres do administrado perante a Administração, sem prejuízo de outros previstos em ato normativo:
I – expor os fatos conforme a verdade;
II – proceder com lealdade, urbanidade e boa-fé;
III – não agir de modo temerário;
IV – prestar as informações que lhe forem solicitadas e colaborar para o esclarecimento dos fatos".

[207] "Art. 22. Os atos do processo administrativo não dependem de forma determinada senão quando a lei expressamente a exigir. § 1º Os atos do processo devem ser produzidos por escrito, em vernáculo, com a data e o local de sua realização e a assinatura da autoridade responsável".

definido e fechado de princípios constitucionais de índole processual, esta é uma discussão sem tanto proveito para a vertente análise, mesmo porque muito do que se qualifica como "princípio" é, em verdade, regra, devendo ser aplicado pelo modo tudo ou nada (*e.g.*: prescritibilidade da pretensão punitiva)[208].

Do que há de relevo, neste quadrante, para os específicos processos administrativos voltados à tomada de decisão na esfera dos acordos admimnistrativos, podemos citar: o devido processo legal (Art. 5º, LIV, da CF[209]), o contraditório (art. 5º, LV, da CF[210]), a proteção da legítima confiança e a presunção de inocência.

Pelo *devido processo legal*, é possível captar que um encadeamento necessário e ordenado de eventos pré-definidos — e racionais — é imprescindível. Pelo *contraditório*, que em verdade é um corolário do primeiro, o chamado é pelo condicionamento da produção do ato a um processo do qual o interessado possa, objetiva e subjetivamente, participar, inclusive de forma isonômica. Em se tratando da *proteção à legítima confiança*, a sua incidência no domínio dos acordos concretiza-se ao se assegurar a observância de garantias procedimentais mínimas de audiência e de participação previamente ao desfazimento do ato que, conquanto imediatamente ilegal, seu desfazimento pode não vir a satisfazer a juridicidade no direito administrativo[211]. A *presunção de inocência* (art. 5º, LVII, da CF), por sua vez, ao se postar sobre o direito administrativo, teria o sentido de refutar a incidência dos efeitos próprios de ato sancionador, antes da conclusão do processo administrativo respectivo.

Em tempo, importa acentuar que o uso desmedido destes princípios não é conveniente para a prática administrativa. Isso porque, pela sua

[208] BARCELLAR FILHO, Romeu Felipe. **Ato Administrativo e Procedimento Administrativo.** *In*: Tratado de Direito Administrativo. Org. Maria Sylvia Zanella Di Pietro. 2ª ed. São Paulo: Revista dos Tribunais, 2019. p. 539-540.

[209] "LIV - ninguém será privado da liberdade ou de seus bens sem o devido processo legal;"

[210] "LV - aos litigantes, em processo judicial ou administrativo, e aos acusados em geral são assegurados o contraditório e ampla defesa, com os meios e recursos a ela inerentes;"

[211] BAPTISTA, Patrícia. **Segurança Jurídica e Proteção da Confiança Legítima no Direito Administrativo: Análise Sistemática e Critérios de Aplicação no Direito Administrativo Brasileiro.** p. 228-230.

estrutura normativa mais vaga do que a das regras, haveria uma propensão à instabilidade do sistema processual, com aptidão para promover duros impactos na segurança jurídica das relações. Assim, compartilhamos do entendimento de Romeu Felipe Bacelar Filho, segundo o qual "é indispensável que o legislador e o administrador deem concretude, especifiquem o conteúdo dos princípios constitucionais". E prossegue: "A elaboração de leis e atos administrativos normativos, nessa esteira, mostram-se instrumentos valorosos para a construção de uma estrutura processual adequada às necessidades da rotina administrativa brasileira"[212].

4.3. O Processo Aplicado aos Acordos Administrativos

Por força do exercício dogmático até aqui desenvolvido, é possível derivar a existência de critérios a serem observados na edificação de acordos administrativos. É forçoso reconhecer que, à luz do que já se encontra prescrito na legislação, os administradores públicos estão condicionados a percorrer determinadas rotas, antes de efetivar a transação. Não se trata, pois, de uma mera busca por resultados, a ensejar somente controles de mesma natureza, segundo as próprias concepções quer do agente público, quer do controlador, o que aliás, dada a possibilidade de incompatibilidade, pode operar como fonte inibidora da celebração dos próprios acordos administrativos. Se é verdade, para argumentar com Luhmann, que não se tem encontrado "nenhuma possibilidade convincente de recomendar uma dogmática jurídica que empregue as consequências como critérios do lícito e do ilícito"[213], adiante extraímos do ambiente legal havido as razões legais estruturantes dos acordos administrativos que entendemos ser passíveis de tratamento mais homogêneo, formando um conjunto de premissas decisórias a serem observadas pelos interessados na medida consensual, fixando-as para utilização nos casos futuros, "sem excluir

[212] BARCELLAR FILHO, Romeu Felipe. **Ato Administrativo e Procedimento Administrativo.** *In*: Tratado de Direito Administrativo. Org. Maria Sylvia Zanella Di Pietro. 2ª ed. São Paulo: Revista dos Tribunais, 2019. p. 543.

[213] "Como facit podemos hacer constar que no hemos encontrado ninguna posibilidad convincente de recomendar uma dogmática jurídica que emplee las consecuencias como critérios de lo lícito y lo ilícito". Niklas. **Sistema Juridico y Dogmatica Juridica.** Traduzido por Ignacio de Otto Pardo. Madrid: Centro de Estudios Constitucionales, 1983, p. 90.

a possibilidade de que cada uma das decisões dos casos desencadeiem consequências cujas valorações se contradigam"[214].

Logo, muito embora se reconheça a possibilidade de se superar as regras de preferência estáticas pela atuação situativa e estratégica, é preciso que este modelo se desenvolva sobre uma metodologia séria e estável, isto é, sobre certos *standards*. Conforme observa Binenbjom, "Tais *standards* permitem a flexibilização das decisões administrativas de acordo com as peculiaridades do caso concreto, mas evitam o mal reverso, que é a incerteza jurídica total provocada por juízos de ponderação discricionários produzidos caso a caso"[215]. Neste ensejo de identificação de parâmetros é que se delineia os achados de índole processual presentes no Direito posto (ainda que, parte dele, não cogente em todas as esferas da administração pública), na certeza de que, dada a vasta abrangência meritória do art. 26 da LINDB, eles poderão servir de contenção para uma apropriada e coerente edificação da medida final, sem prejuízo da observância dos elementos formais que parecem se encontrar objetivamente delimitados no próprio art. 26 da LINDB (cf. item 3.3.3).

Adiante, cada qual desses achados:

a) a medida deve ser excepcional, interditando-se, pois, o atendimento de interesses particularísticos, sob pena de deterioração das situações legais dos destinatários da norma interpretada;
b) dadas as tensões e riscos envolvidos, há demanda para que toda a trajetória dos acordos seja definida em processo a ser desenvolvido por escrito, com objetividade, ordenação, publicidade, indicação clara dos pressupostos de fato e de direito, além de focado em interpretação da norma alinhada ao fim público a que se dirige;
c) os acordos, sejam eles substitutivos ou integrativos, exsurgem de relações que (i) ou genuinamente afligem, em alguma medida, o texto da regra ou contrato de regência (*para os casos de acordos*

[214] "Esto se lleva a cabo mediante la identificación de conceptos y de rationes legum que se tratam de modo más homogêneo posible, pero no excluye que cada uma de las decisiones de los casos desencadenem consecuencias cuyas valoraciones se contradigam". (LUHMANN. Texto encaminhando pelo Fernando. P. 84).

[215] BINENBOJM, Gustavo. **Da Supremacia do Interesse Público ao Dever de Proporcionalidade: um Novo Paradigma para o Direito Administrativo.** *In*: Revista de Direito Administrativo. Rio de Janeiro, 239: 1-31, Jan/Mar. 2005, p. 20.

substitutivos sobre penalidades já transitadas em julgado e para os casos de acordos integrativos sobre norma que sonega o direito do particular de exercer atividade inovadora); (ii) ou potencialmente o fazem (*para o caso de acordos substitutivos sobre pretensões sancionatórias ainda indefinidas, isto é, sem trânsito em julgado; ou para o caso de acordos integrativos que transitam sobre disposições legais dotadas de zonas de incerteza que poderão vir a ser aplicadas em desfavor do administrado pelo agente público competente ou pelo controlador*[216]);

d) tanto para justificar a pontual derrotabilidade da regra (*que não poderá conferir desoneração permanente de dever ou condicionamento de direito reconhecidos por orientação geral, segundo o art. 26, § 1º, III, da LINDB*), como para lidar com o conteúdo de conceitos jurídicos indeterminados como gatilhos em prol da celebração da transação, implica-se a consideração, pela administração pública, das consequências práticas da decisão, à luz do art. 20 da LINDB;

e) as consequências a serem alvitradas no processo são aquelas disponíveis ao administrador, o que retira, ou melhor, ameniza o dever de estressar todos os cenários ou de se garantir uma exímia acuracidade dos prognósticos atribuídos a cada alternativa à mão da administração pública;

f) para argumentar com consequências, o legislador elegeu no § 1º do art. 26 da LINDB instrumentos metodológicos idôneos com força para conduzir o desenvolvimento desta competência, sendo eles: proporcionalidade, equanimidade, eficiência e interesses gerais (e razoabilidade, este último definido no decreto regulamentador — Decreto nº 9.830/2019);

g) os critérios elencados na alínea "f" são vagos, mas o respeito aos seus sentidos jurídicos pode levar a uma estrutura de raciocínio com aptidão para incrementar a qualidade da escolha decisória,

[216] A constatação adiante, de autoria de Eduardo Jordão, bem poderia ser aplicada para o caso dos *acordos administrativos* e não somente para a *atividade regulatória*: "Assim, não é raro que o TCU fundamente suas intervenções em interpretação de princípios e conceitos jurídicos indeterminados, bloqueando opções regulatórias assentadas em compreensão diversa das mesmas normas". JORDÃO, Eduardo. **O TCU e o risco da 'autoilealização'**. Jota. 06/11/2019. Disponível em: https://www.jota.info/opiniao-e-analise/colunas/controle-publico/o-tcu-e-o--risco-da-autoidealizacao-06112019. Acesso em 156/11/2019.

sem a pretensão de dessumir uma única resposta correta para cada caso;

h) um componente indispensável para superar as dificuldades de operacionalização dos critérios metodológicos supra levantados é a necessária intervenção da procuradoria e da área técnica junto ao processo (cf. § 4º, art. 10º, Decreto n. 9.830/2019), cujas competências não devem se circunscrever à verificação da presença formal dos critérios acima no instrumento de acordo, mas principalmente para auxiliar, sempre que possível, na efetiva operacionalização destes enquanto partes estruturantes da escolha final;
i) outro aliado seria o estabelecimento de câmaras administrativas — especializadas e com composição plural —, com competência não apenas para avaliar a admissibilidade dos ajustes por meio de parecer, mas principalmente para auxiliar (i) no desenrolar do processo por meio de uma metodologia decisória mais estável e coerente com os critérios jurídicos exigidos, bem como (ii) na aplicação de técnicas negociais mais qualificadas que possam levar a soluções inovadoras;
j) a composição plural das câmaras teria também a aptidão para entregar decisões com níveis superiores de precisão, sem prejuízo da possibilidade de criar um catálogo de precedentes a serem observados em casos similares futuros;
k) ao conduzir o processo de negociação, não se pode partir do pior cenário interpretativo em desfavor do administrado, tal quanto, nos acordos substitutivos, a punição em rota de aplicação (e, portanto, ainda não transitada em julgado) fosse ser a mais enérgica ou, nos acordos integrativos, a legislação levasse a posturas mais restritivas, uma vez que os incisos II e IV do art. 2º da Lei n. 13.874/2019[217] prescrevem a presunção de boa-fé do administrado e a sua vulnerabilidade perante a administração pública;
l) a interlocução entre órgãos ou entes da administração pública, a ser conduzida pelos membros componentes das câmaras, tem

[217] "Art. 2º São princípios que norteiam o disposto nesta Lei: I – a liberdade como uma garantia no exercício de atividades econômicas; II – a boa-fé do particular perante o poder público; III – a intervenção subsidiária e excepcional do Estado sobre o exercício de atividades econômicas; e IV – o reconhecimento da vulnerabilidade do particular perante o Estado".

potencial para reduzir as tensões com a assimetria de informação entre a administração e administrado, além de conjecturar escolhas com menor potencialidade de questionamentos futuros em razão de competências sobrepostas;

m) a necessidade das decisões passadas serem mantidas, tudo mais igual, no futuro, pois, do contrário, elas não deveriam ter sido tomadas, por ausência de justificação; e

n) a necessidade de criação de mecanismos de vinculação para a solução de casos futuros à luz dos precedentes criados, os quais impõem ao decisor o dever de autorreferência a ser conduzido por meio de processos discursivos transparentes, com resultados controlados intersubjetivamente;

o) a interrupção da prescrição da ação punitiva deve se impor tão logo venha a termo a expressa tentativa de solução conciliatória no âmbito interno da administração federal, conforme inciso IV, do art. 2º, da Lei nº 9.873/1999.

Com isso, temos que, da estrutura do art. 26 da LINDB, conjugada com legislação correlata, é possível se desenvolver dogmaticamente uma demanda por uma compreensiva articulação de bases factuais e posições metodológicas estruturantes de um verdadeiro processo decisório pela via dos acordos, livre de assunções genéricas — e corrosivas ao próprio instituto, dada a instabilidade que geram — de necessidade de vedação ao abuso.

Seguindo as lições de Niklas Luhmann, "*tornam-se relevantes para o processo de decisão a organização e preceitos processuais, e isto não apenas no sentido geral [...], mas sim no sentido específico para as organizações de decisão*"[218]. E esta prescrição não encerra um fim em si mesma, ao contrário, possui um altivo propósito identificável no fato de que "*a racionalidade alcançada no processo de decisão depende da escolha das formas de organização e processo*"[219], sem prejuízo da economia do esforço ao se defrontar com transações futuras.

Para reduzir ainda mais o espaço do pensamento selvagem que se encontra fora do direito e que não pode, portanto, "*reivindicar relevância*

[218] LUHMANN, Niklas. **Legitimação pelo Procedimento**. Tradução: Maria da Conceição Côrte-Real. Brasília: Editora Universidade de Brasília, 1980, p. 167.
[219] Id. p. 165.

alguma — simplesmente porque não se encontra sob a pressão de ter de produzir decisões acerca da licitude e ilicitude, e de ser responsável por elas"[220], cremos que, por meio de decretos, resoluções, portarias ou mesmo manuais internos, seja possível instaurar regras que corroborem as etapas do percurso anteriormente definido, bem como criem padrões de conduta processual adicionais, de modo a incrementar a responsividade subjetiva dos agentes envolvidos e a racionalidade dos argumentos definidores da escolha por transigir (ou não). Ao contrário do que é possível se imaginar pelo ponto de vista argumentativo-quantitativo, estes elementos processuais internos teriam a aptidão de reduzir a complexidade de determinado sistema, ao tornar mecânico e tanto mais obrigatória a observância da legalidade imposta pelo próprio sistema.

Não há compromisso em exaurir as possibilidades, mesmo porque cada núcleo decisório da Administração, atualmente muito fragmentada, comporta competências e particularidades institucionais muito próprias, além do que, voltamos a dizer, uma organização ótima e completamente racional pelo processo também é intangível. Em termos práticos, não é preciso ir longe para identificar que ao se estabelecer um programa tributário para acordos em massa há marcantes divergências (*e.g.*: em termos de impactos orçamentários, forma de impacto sobre a resguarda aos interesses gerais, possibilidade de replicação, dentre outros) do que a celebração um compromisso para, pela superação de incerteza jurídica, outorgar a entrada sem maiores riscos de um agente de mercado com aptidão para implantar tecnologia disruptiva e potencialmente controversa em termos legais.

Não obstante, cremos que há estratégias processuais complementares passíveis de acolhimento, as quais poderão ser, inclusive, dinâmica e justificadamente, (re)moldadas para atender com maior precisão um núcleo da administração pública ou outro, ou mesmo um caso ou outro dentro do mesmo núcleo. São elas:

a) a determinação de formulação de requerimento de acordo administrativo por inciativa do agente privado, com a especificação pretérita dos ônus argumentativos a serem percorridos por tal

[220] LUHMANN, Niklas. **O direito da sociedade**. Tradução: Saulo Krieger. Tradução das citações em latim: Alexandre Agnolon. São Paulo: Martins Fontes – selo Martins, 2016, p. 492.

agente, à luz das exigências do art. 26 da LINDB[221], o que, em verdade, operar-se-ia como forma de adensar o conteúdo de normas procedimentais já postas, como é o caso do bloqueio ao agir de modo temerário e a necessidade de proceder com lealdade e boa-fé perante a Administração[222];

b) a convocação, por meio de editais, de agentes privados iguais para o caso de quererem integrar a transação na condição de co-proponentes;

c) a quantificação estimada dos dispêndios públicos globais envolvidos, seguido da justificativa da viabilidade orçamentária, tendo em vista que "A ideia de planejamento traz consigo a de racionalização da economia"[223];

d) a obrigatoriedade de análise, pela administração pública, do histórico comportamental do(s) proponente(s), como forma de identificar a verdadeira excepcionalidade da medida;

e) a indicação de manutenção do mundo "como está", em caso de incerteza radical sobre os efeitos futuros do acordo (ou de custos demasiado dispendiosos para a superação desses estados[224]), forte na premissa de que "Legitimidade pública, tal como justiça, demanda precisão nos veredictos"[225];

[221] Isto não significa necessariamente que a Administração Pública não poderá propor acordos administrativos. Afinal, quem pode o mais, representado pela possibilidade de firmar transação, pode o menos, representado pela proposição do acordo.

[222] "Art. 4º. São deveres do administrado perante a Administração, sem prejuízo de outros previstos em ato normativo: I – expor os fatos conforme a verdade; II – proceder com lealdade, urbanidade e boa-fé; III – não agir de modo temerário; V – prestar as informações que lhe forem solicitadas e colaborar para o esclarecimento dos fatos".

[223] LAUBADÈRE, André de. **Direito Público Econômico**. Coimbra: Almedina, 1985, p. 295.

[224] Neste particular, a estratégia muito se assemelha com o critério "maximin". Assumindo que os custos podem ser muito elevados para a defrontar a incerteza e, mesmo após, ser possível que se conclua por não celebrar o ajuste, escolhe-se a opção que parece ser a menos pior, isto é, a manutenção do mundo como está. Para uma melhor compreensão da regra maximin, nos remetemos aos ensinamentos de Michael Resnick e Adrian Vermuele, respectivamente: RESNICK, Michael D. **Choices: an introduction to decision theory**. Minneapolis: University of Minnesota Press, 2000, p. 27; e VERMEULE, Adrian. **Judging under Uncertainty. An Institutional Theory of Legal Interpretation**. Massachusetts: Harvard University Press, 2006, p. 176.

[225] "Public legitimacy, as much as justice, demands accuracy in veredicts". (LAUDAN, Larry. **Truth, Error and Criminal Law: An Essay in Legal Epistemology**. Cambridge: Cambridge University Press, 2008, p. 2)

f) a criação de "regras de parada" quando da consideração da cadeia de consequências atribuíveis às alternativas à mão, de modo a afastar os riscos inerentes ao denominado "declive escorregadio", em que as inferências tornam-se por demais pueris[226];
g) o estabelecimento de patamar limite de valor[227], sendo que, acima do sarrafo fixado, a autorização para transacionar — por dever ser ainda mais excepcional — demandaria uma intervenção do agente público dotado de competência de chefia (*e.g.*: procurador geral);
h) a verificação se o agente privado, se pessoa jurídica, detém um programa de *compliance* em prática; e
i) a criação de sistemas de monitoramento de resultados dos acordos administrativos já celebrados.

No contexto de intensa e gravosa crise do Estado brasileiro, se tem muito a ganhar com reflexões e conhecimentos sobre os acordos administrativos, ferramenta esta de vasta aplicação na esfera privada e com potencial para também reproduzir bons resultados na seara pública. O cuidado que se evoca no *set* de constatações e sugestões alinhadas acima,

[226] "Também é verdade que a estratégia da previsão de exceções a uma regra traz consigo o risco do slippery slope; mas transitar por planos inclinados e escorregadios é um risco que às vezes deve ser confrontado e intencionalmente assumido. A questão é dizer quando, e a resposta será sempre função do valor que estiver em jogo no caso concreto e da capacidade dos demais atores institucionais (notadamente, o Poder Legislativo) de atender às demandas por novas regras que garantam, simultaneamente, decisões mais plausíveis e maior segurança e estabilidade às expectativas normativas dos indivíduos". (SCHUARTZ, Luis Fernando. **Consequencialismo jurídico, racionalidade decisória e malandragem**. Em: Revista de Direito Administrativo 248 (2008), p. 130-158, p. 154)

[227] Segundo Cass Sunstein, a limitação de valores, aliada a um procedimento, pode trazer ganhos para o alcance de um acordo de vontades, veja-se: "In psycology, it is well known that serious problems will emerge when people are asked to engage in a rating exercise on a scale that is bounded at the botton but not at the top and when they are not given a 'modolus' by which to make sense of various points along the scale. For example, when people are asked to rate the brightness of lights or the loudness of noises, they will not be able to agree if no modulus is supplied and if the scale lacks an upper bound. But once a modulus is supplied, agreement is substantially improved. Or if the scale is given an upper bound and if verbal descriptions accompany some of the relevant points, people will come into accord with one another". (SUNSTEIN, Cass. **On the psychology of punishment**. *In*: The Law and Economics of Irrational Behavior. Stanford, California: Stanford University Press, 2005. p. 346)

além de propositivo, é provocativo. Ao agente público que pretenda inaugurar esta frente dialógica em seu quadrante funcional cumprirá, com temperança, à luz das vicissitudes que a prática diária lhe oferta, desenvolver um programa analítico predeterminado, sem se deixar levar por heurísticas, vieses cognitivos e particularismos.

Ao certo, tanto os condicionamentos evidenciados, como os propostos[228], contrariamente àquilo que podem transparecer, se prestam a simplificar e objetivar os dados relevantes para a adjudicação de direitos, dentro do Direito. E se houver necessidade de aprimorá-los, ao longo da incessante jornada em busca de "dias melhores", trata-se de medida indispensável que a própria consensualidade administrativa, sob as vestes do pragmatismo, parece, com a devida técnica e parcimônia, irremediavelmente reivindicar[229].

[228] Algumas das proposições acima já se encontram encartadas em alguns atos normativos. Exemplo disso é a Portaria n. 11, de 8 de junho de 2020, editada pela Presidência da República/ Advocacia Geral da União/Procuradoria-Geral da União.

[229] Em artigo descrito para o "Jota" em 04.12.2019, Marçal Justen Filho exalta mais uma ferramenta que pode ser de proveito para edificação de soluções decisórias por meio de processos efetivos. Na espécie, o autor invoca a tecnologia "blockchain" como elemento determinante que o Administrador venha a percorrer os procedimentos a que está condicionado para a tomada de decisão. Veja-se: "Em termos práticos, a existência do blockchain significa que um novo ato somente será completado se estiver encadeado com o ato anterior. Todos são objeto de criptografia indecifrável e arquivados em computadores ao redor do mundo. Ninguém consegue eliminar nem alterar atos consumados. Anote-se que a tecnologia do blockchain está disponível no mercado e a sua utilização não envolve maiores dificuldades. A generalização da formalização eletrônica para a atividade administrativa permite a aplicação do protocolo de blockchain. Significa que a sucessão encadeada de atos, típica do instituto do procedimento, será institucionalizada na dimensão digital. Mas isso se fará de modo compulsório, com a eliminação de desvios, falhas ou inovações arbitrárias. Cada ato administrativo inicial desencadeará um bloco encadeado de arquivos. A prática do ato posterior dependerá do vínculo com o anterior. [...]. A repercussão dessas inovações será significativa, impondo a observância compulsória da disciplina legal e facilitando o controle quanto à regularidade da atuação dos agentes estatais e sujeitos privados. Contribuirá com a transparência e tempestividade". JUSTEN FILHO, Marçal. **A tecnologia realizará a promessa que o Direito Administrativo não cumpriu?** Jota, 26/11/2019. Disponível em: https://www.jota.info/opiniao-e-analise/colunas/publicistas/a-tecnologia-realizara-a-promessa-que-o-direito-administrativo-nao-cumpriu-26112019. Acesso em: 04/12/2019.

Conclusões

Na análise das transformações ocorridas no funcionamento da burocracia estatal brasileira a partir das reformas da década de noventa, a mudança mais substancial foi a introdução de diferentes mecanismos de participação pública institucionalizados na associação de competências, conquanto mantida a gestão das atividades sob a responsabilidade do Estado. Ao se valer de insumos privados, a administração pública obra para suprir suas carências, reduzir seus custos, prestar melhor assistência, mas também aumenta exponencialmente as divergências com os agentes privados que compõem esta engenharia moderna de Estado.

Neste cenário, um sem número de decisões regradoras da intervenção privada sorvem a todo tempo no dia a dia da prática administrativa pública, de onde se divisa, com razão, o potencial dos acordos administrativos para dar cabo de parte destas controvérsias correlacionadas a este estado do mundo. Atuam, em verdade, como catalizadores das próprias exigências deste modelo reordenado de Estado, que tem na eficiência — para reduzir gastos e para promover melhores serviços — seu maior ponto de sustentação. Esse cenário, muito embora fidedigno, merece um tratamento sério e condizente com o tamanho da ferida que se predispõe a tratar, sob pena de servir a rumos diametralmente opostos àqueles alvitrados.

De modo bem claro, o que se reivindica é que os acordos também acarretam "custos" que jamais podem ser menosprezados ou tratados com acepções superficiais de "proibição de abuso". É preciso ir mais a fundo, mesmo porque, pelo seu viés novidadeiro — sobretudo se considerada a data de edição do art. 26 da LINDB —, há mais impressões que apontem para defini-los como estratégia com larga capacidade de levar a resultados superiores do que dados empíricos a comprovar, qualitativamente, os efetivos avanços atrelados à sua aplicação. Ainda que também nos seja ponto comum esta impressão de vantajosidade — afinal, nas relações privadas os acordos são reproduzidos aos montes donde se infere o nosso silogismo —, o que ousamos fazer, no particular deste estudo, foi tentar decifrar dogmaticamente um caminho processual a ser observado pelos agentes públicos e privados envolvidos na transação, em favor da segurança jurídica dos envolvidos.

Se vivemos uma revolução apta a promover profundas transformações e alterar fundamentalmente a natureza da tomada decisória no setor público nacional[230], a ponto de ressoarem afirmações que "[...] quando esta alternativa existir concretamente, no plano técnico, e não existam outras razões que tornem necessária a utilização do poder de autoridade, o instrumento negocial ou, de toda maneira, a via do consenso, deve ser sempre preferida [...]"[231], o mais elementar é assegurar que tais decisões mantenham-se consistentes com o ordenamento. Não se pode abrir uma via ainda mais aberta em que particularismos e padrões instáveis de escolhas, sob o rótulo de um suposto recurso ao "pragmatismo", possam transitar sem maiores contenções, derrotando-se regras tal quanto seu proveito para a estabilização das relações e contenção de abusos fosse marginal, quiçá nenhum.

Essa ressalva opera-se livre de qualquer pretensão de defesa de cânones interpretativos como *supremacia do interesse público* ou *indisponibilidade do interesse público*, bem como de qualquer correlação de que a consensualidade, em especial enquanto acordos administrativos, deva ser subserviente à uma lógica impositiva ou mecanicista. Muito ao contrário, confiamos

[230] Isto não se trata de mera especulação. O exemplo norte americano sobre os denominados "plea bargaining" que, segundo informa Mary Vogel, alteram a natureza da justiça criminal dos EUA, com consequências ainda imprevisíveis (VOGEL, Mary E. **Coercion to compromise: Plea Bargaining, the Courts and the Making of Political Authority**. New York: Oxford university Press, 2007), pouco nos sobra para continuar a duvidar do potencial revolucionário dos denominados acordos administrativos aqui no Brasil.

[231] ARAGÃO, Alexandre Santos de. **A Consensualidade no Direito Administrativo: Acordos regulatórios e contratos administrativos**. Brasília a. 42 n. 167 jul./set. 2005, p. 304.

ser a consensualidade uma necessária válvula de escape para impingir uma administração mais compatível com a complexidade e dinamicidade da atualidade, vincada na realização do exato interesse público, do que, entretanto, não decorre uma autorização para seu aproveitamento não excepcional dentro do Direito. Afinal, a quebra sucessiva de uma regra leva ao descrédito e fragilização do comando nela embutido.

Adicionalmente, ainda que respeitado o caráter extravagante da consensualidade na forma de acordos administrativos dentro do Direito, não se pode agir *ad hoc* diante de cada possibilidade dialógica que emerge à frente do agente público, mesmo porque não parece ser isto que o próprio art. 26 da LINDB e legislação correlata parecem reivindicar. Há chamado por uma coerência visceral entre o ato praticado, fundamentos e seus desígnios prospectivos, a ser desenvolvido por meio de um encadeamento necessário e ordenado de atos e fatos destinados à formação das vontades finais, com aptidão para, pela transparência que disto provém, conter o indiscriminado recurso a fontes externas para justificar a derrotabilidade das regras, seja para qual propósito for — leia-se: espúrio ou mesmo regular. E não há, *a priori*, expertise que possibilite a subversão da ordem que se sugere, uma vez que essa (expertise) "*não mais é um escudo protetivo a ser utilizado como uma vestimenta sagrada. Ela é uma competência a ser demonstrada por processo cogente de apresentação de razões*"[232].

Em suma, o modelo dogmaticamente desenvolvido neste estudo de metodologia decisória pretende definir critérios mínimos para uma abrangente orientação com pretensão de promover, tanto na perspectiva *ex ante* como na *ex post*, estabilidade, transparência e precisão dos julgamentos administrativos na forma de ajuste. A crença é a de que a qualidade do acordo, dada a abertura de boa parte das palavras que compõem o texto do art. 26 da LINDB, depende primariamente do quão bom é o processo em que este se estrutura. Devem ser traduzidos os objetivos, ou melhor, os fins perseguidos com a medida, num patamar que permita sobrepor as tensões em choque com a via consensual eleita, sem ensejar a percepção de que a complexidade e dinamicidade dos problemas atuais pode justificar, sem maiores contenções, baixa aderência ao texto legal.

[232] MASHAW, Jerry L. **Reasoned administration and Democratic Legitimacy: How Administrative Law Supports Democratic Government**. New York: Cambridge University Press, 2018, p. 11.

Tudo isto, repita-se, se sucede sem a pretensão utópica de que o processo é capaz de racionalizar completamente o sistema decisório na esfera administrativa[233]. O apelo é para que a medida seja conduzida com responsabilidade, sem perder de vista que a observância do texto das regras é fundamental para "*eliminar ou reduzir problemas de coordenação, conhecimento, custos e controle de poder*"[234]. Meras ilações ou inferências calcadas na pretensão de suplantar suposta frugalidade do texto podem ser, na prática, fontes de insegurança jurídica radical. Confiabilidade e calculabilidade de tratamentos formam o cerne previsibilidade e, por derivação, da segurança jurídica, pelo que não se pode tolerar decisionismos irresponsáveis — leia-se: frutos de meras convicções pessoais — por parte do Estado.

Ao certo, há casos específicos que demandam uma análise diferenciada, com força para redundar em soluções excepcionais. Mas, como isto não é algo definido antes de ser contextualizado, a aplicação processual aqui defendida, ao menos na perspectiva transacional, torna-se, para além de uma reverência genérica às supostas vantagens inerentes à observância de procedimentos para a tomada decisória, uma rota com propensão para identificar e até mesmo definir se a decisão por acordar, excepcional por tudo o que até foi dito, é (ou não) produto de algum viés dos envolvidos ou se, de fato, decorre de interesses convergentes verdadeiramente coerentes à luz das prescrições legais de alto nível que o contingenciam, do que decorre a proteção do administrador e administrado que desta via lançaram mão.

Por último, olhando para o art. 26 da LINDB como a regra a ser seguida, se é verdade que "*regras não funcionam quando aqueles que desejam aplicá-la não sabem o que a aplicação envolve e quando aqueles que menos desejam ou menos tenham aptidão para aplica-la não são informados ou estimulados de*

[233] Luhmann é quem observa que "[...] o pensamento duma organização ótima de decisão, completamente racionalizada no âmbito do sistema político, é, e permanecerá, tão utópico quão claramente se indique a orientação dos requisitos a satisfazer pelos processos de decisão administrativa". (LUHMANN, Niklas. **Legitimação pelo Procedimento**. Tradução: Maria da Conceição Côrte-Real. Brasília: Editora Universidade de Brasília, 1980, p. 168)

[234] ÁVILA, Humberto. **"Neoconstitucionalismo": entre a ciência do Direito e o Direito da ciência**. Revista eletrônica de Direito do Estado, Salvador, n. 17, jan./mar. 2009. p. 4.

forma apropriada"[235], parece que um processo pré-definido, pode, antes de uma coerente aplicação propriamente dita do dispositivo, ser um convite a torná-lo uma real solução disponível na caixa de ferramentas do administrador público e dos administrados.

[235] "Rules do not work when those willing to comply do not know what compliance involves and when those less willing or able to comply are not informed or stimulated in the appropriate manner". (BALDWIN, Robert. **Why Rules Don't Work**. Londres: Modern Law Review. Vol. 53, nº 3 (Maio, 1990), pp. 321-337. p. 337)

REFERÊNCIAS

ACKERMAN, Bruce. **Comparative Administrative Law**, 2010. p. 130. Disponível em: https://books.google.com.br/books?id=a5faj90ZPBoC&printsec=frontcover&hl=pt-BR#v=onepage&q&f=false Acesso em: 28.08.2019

ALEXY, Robert. **On Balancing and Subsumption. A Structural Comparison.** Ratio Juris. Vol. 16 Nº 4 December 2003 (433-49).

_______, Robert. **On The Structure of Legal Principles**. Ratio Juris 13. 2000.

_______, Robert. **Teoria dos direitos fundamentais**. Traduzido por Virgílio Afonso da Silva. 2ª ed. São Paulo: Malheiros, 2014.

ARAGÃO, Alexandre Santos de. **Agências Reguladoras e a Evolução do Direito Administrativo Econômico**. Rio de Janeiro: Forense, 2002.

_______, Alexandre Santos de**. A consensualidade no Direito Administrativo. Acordos regulatórios e contratos administrativos**. Revista de Informação Legislativa. Brasília a. 42 n. 167 jul./set. 2005, p. 294. Disponível em: https://www12.senado.leg.br/ril/edicoes/42/167/ril_v42_n167_p293.pdf. Acesso em: 30.09.2019.

ARAÚJO, Valter Shuenquener de. **Innovation Effects on Brazilian Administrative Law. We want to know what they are going to do with the new inventions**. EALR, V. 9, nº 2, p. 409-419, Maio-Ago, 2018

ARGUELHES, Diego Werneck. **Argumentos Consequencialistas e Estado de Direito: Subsídios para uma Compatibilização.** *In*: Anais do XIV Encontro Nacional do CONPEDI. Florianópolis: Fundação Boiteaux, 2005.

_______, Diego Werneck; LEAL, Fernando. **Pragmatismo como [Meta]Teoria da Decisão Judicial: Caracterização, Estratégias e Implicações**. *In*: Daniel Sarmento; Álvaro Ricardo de Souza (Orgs.). Filosofia e Teoria Constitucional Contemporânea. Rio de Janeiro: Lumen Juris, 2009.

ARISTÓTELES. **Tópicos**. Livro III, 2. Tradutor não identificado. Disponível em: http://www.dominiopublico.gov.br/download/texto/cv000069.pdf. Acesso em 11/12/2019.

ÁVILA, Humberto. **"Neoconstitucionalismo": entre a ciência do Direito e o Direito da ciência.** Revista eletrônica de Direito do Estado, Salvador, n. 17, jan./mar. 2009.

______, Humberto. **Repensando o "Princípio da Supremacia do Interesse Público sobre o Particular"**. RERE. Revista Eletrônica sobre a Reforma do Estado. Número 11 — setembro/outubro/novembro 2007. Salvador.

______, Humberto. **Teoria da Segurança Jurídica**. 5. Ed., ver., atual. e ampl. — São Paulo: Malheiros, 2019.

______, Humberto Bergmann. **Teoria dos Princípios: da definição à aplicação dos princípios jurídicos.** São Paulo: Malheiros, 2004.

AZEVEDO, Antônio Junqueira de. **Negócio Jurídico. Existência, Validade e Eficácia.** São Paulo: Saraiva, 2010, 4ª ed.

BALDWIN, Robert. **Why Rules Don´t Work**. Londres: Modern Law Review. Vol. 53, nº 3 (Maio, 1990), pp. 321-337.

______, Robert; CAVE, Martin; LODGE, Martin. **Understanding Regulation Theory, Strategy and Practice.** 2ª ed. Oxford: Oxford University Press, 2012.

BAPTISTA, Patrícia F. **Consensualidade e Justo Preço nas Desapropriações: Novos Parâmetros à Luz do Direito Administrativo Contemporâneo**. Brasília: Assessoria de Imprensa — ANAPE. Teses — 2013. Jan. 2014. p. 1-19.

______, Patrícia. **Segurança Jurídica e Proteção da Confiança Legítima no Direito Administrativo: Análise Sistemática e Critérios de Aplicação no Direito Administrativo Brasileiro.**

______, Patrícia F. **Transformações do direito administrativo**. Rio de Janeiro: Renovar, 2003.

BARBOZA, Estefânia Maria de Queiroz. **Precedentes judiciais e segurança jurídica — fundamentos e possibilidades para a jurisdição constitucional brasileira**. São Paulo: Saraiva, 2014

BARROSO, Luís Roberto. **Dez anos da Constituição de 1988 (foi bom pra você também?)**, RDA 214 (1998)

BECKER, Gary. **Crime and Punishment: An Economic Approach**. Essays in the Economics of Crime and Punishment. Editors: Gary S. Becker and William M. Landes. National Bureau of Economic Research. New York, 1974.

BARCELLAR FILHO, Romeu Felipe. **Ato Administrativo e Procedimento Administrativo**. In: Tratado de Direito Administrativo. Org. Maria Sylvia Zanella Di Pietro. 2ª ed. São Paulo: Revista dos Tribunais, 2019.

BINENBJOM, Gustavo. **A Constitucionalização do Direito Administrativo no Brasil: Um Inventário de Avanços e Retrocessos**. *In*: Temas de Direito

Administrativo e Constitucional. BINENBJOM, Gustavo. Rio de Janeiro: Renovar, 2008.

_______, Gustavo. **Da Supremacia do Interesse Público ao Dever de Proporcionalidade: um Novo Paradigma para o Direito Administrativo.** *In*: Revista de Direito Administrativo. Rio de Janeiro, 239: 1-31, Jan/Mar. 2005.

_______, Gustavo. **Poder de Polícia, Ordenação, Regulação. Transformações político-jurídicas, econômicas e institucionais do direito administrativo ordenador.** Belo Horizonte: Fórum, 2017.

_______, Gustavo. **Um Novo Direito Administrativo para o Século XXI.** *In*: Temas de Direito Administrativo e Constitucional. BINENBJOM, Gustavo. Rio de Janeiro: Renovar, 2008.BINENBOJM, Gustavo. Uma Teoria do Direito Administrativo. 3ª Ed. Rio de Janeiro: Renovar, 2014.

_______, Gustavo. **Uma teoria do direito administrativo: Direitos Fundamentais, Democracia e Constitucionalização.** 3ª Ed. Rio de Janeiro: Renovar, 2014.

_______, Gustavo; CYRINO, André. **O Art. 28 da LINDB. A cláusula geral do erro administrativo.** *In*: Rev. Direito Administrativo, Rio de Janeiro, Edição Especial: Direito Público na Lei de Introdução às Normas de Direito Brasileiro — LINDB, p. 201-222, nov. 2018. Disponível em: file:///C:/Users/gabrielmachado/Downloads/77655-161999-1-PB.pdf Acesso em: 08/10/2019.

BITENCOURT NETO, Eurico. **Transformações do Estado e a Administração Pública no século XXI.** Revista de Investigações Constitucionais, Curitiba, v. 4, n. 1, p. 207-225, jan./abr. 2017.

BUENO, Ricardo Luiz Pereira. BRELÀZ, Gabriela de. SALINAS, Natasha Schmitt Caccia. **Administração pública brasileira no século 21: seis grandes desafios.** Revista Serviço Público. Brasília 67 [Especial] 7-28 2016.

CARDSO, David Pereira. **Os acordos substitutivos no Direito Administrativo. Negócio jurídico privado, contrato de direito público ou ato administrativo bilateral?**. *Revista de Direito Público da Economia — RDPE*, Belo Horizonte, ano 13, n. 49, p. 59-77, jan./mar. 2015.

CÂMARA, Jacintho Arruda. *Art. 24 da LINDB.* **Irretroatividade de nova orientação geral para anular deliberações administrativas.** *In:* Rev. Direito Administrativo, Rio de Janeiro, Edição Especial: Direito Público na Lei de Introdução às Normas de Direito Brasileiro — LINDB, p. 113-134, nov. 2018.

CAMPOS, Carlos Alexandre de Azevedo. **Escritos de Direito Constitucional e de Direito Tributário.** Rio de Janeiro: Gramma Livraria e Editora, 2016,

CHEVALLIER, Jacques. **O Estado de Direito.** Belo Horizonte: Fórum, 2013.

COASE, Ronald H. **The Problem of Social Cost.** The Journal of Law & Economics. Volume III, October 1960.

COOTER, Robert; ULEN, Thomas. **Direito & Economia.** Porto Alegre: Brokman Companhia Editora. 5ª ed., 2010.

COUTO E SILVA, Almiro do. **Problemas jurídicos do planejamento**. Revista da PGE do Rio Grande do Sul, Porto Alegre, n. 27, 2003.

COUTO E SILVA, Clóvis V. do Couto. **A Obrigação como Processo**. Rio de Janeiro: FGV Editora, 2007.

CYRINO, André. **Delegações Legislativas, Regulamentos e Administração Pública**. Belo Horizonte: Fórum, 2018.

DELGADO, Mário Luiz. **Conflito entre as leis de falências e de locações: como resolver?**. Disponível em: https://www.conjur.com.br/2015-fev-23/conflito--entre-leis-falencias-locacoes-resolver. Acesso em: 05/09/2019

DEWEY, John. **The problem of truth**. *In*: HICKMAN, Larry A.; ALEXANDER, Thomas M. (Ed.). The Essential Dewey: ethics, logic, psychology. Bloomington: Indiana University Press, 1998. V. II

DINAMARCO, Cândido Rangel. **A instrumentalidade do processo**. 5 ed. São Paulo: Malheiros, 1996. p. 131.

DWORKIN, Gerald. **Is more choice better than less?**. Em: _______ The Theory and Practice of Autonomy. Cambridge: CUP, 1988.

_______, Ronald. **Taking Rights Seriously**. Cambridge: Harvard University Press, 1998.

ENTERRIA, Eduardo Garcia de; FERNANDEZ, Tomas R.. **Curso de Derecho Administrativo**, Tomo I. 10ª ed. Madrid: Civitas Ediciones, 2000.

FAGUNDES, Seabra. **Reformas Essenciais ao Aperfeiçoamento das Instituições Políticas Brasileiras**. Revista de Direito Administrativo. Edição comemorativa 2014. Dezembro, 2013.

FERNANDES, Rodrigo. **Compromisso de ajustamento de conduta ambiental.** Rio de Janeiro: Renovar, 2008.

FERRAZ, Luciano. **Controle e Consensualidade. Fundamentos para o controle consensual da Administração Pública (TAG, TAC, SUSPAD, acordos de leniência, acordos substitutivos e instrumentos afins)**. Belo Horizonte: Fórum, 2019. 175.

GAROFANO, Rafael Roque; STEIN, Daniel Almeida; ZABLITH, Marc Bujnicki. **Relevante interesse geral, Requisitos para o acordo e vetos**. *In*: Lei de Introdução às Normas do Direito Brasileiro — Anotada: Decreto-Lei n. 4.657, de 4 de Setembro de 1942. - Volume II. São Paulo: Quartier Latin, 2019.

GRAU, Eros R. **O direito posto e o direito pressuposto**. São Paulo: Malheiros, 9ª ed, 2014.

GRIMM, Dieter. **Proportionality in Canadian and German Constitutional Jurisprudence**. University of Toronto Law Journal. Volume 57, Number 2, Spring 2007, pp. 383-397.

GUERRA, Sérgio. **Discricionariedade, Regulação e Reflexividade. Uma Nova Teoria Sobre as Escolhas Administrativas**. 4ª ed. Belo Horizonte: Fórum, 2017.

_______, Sérgio. **Regulação estatal sob a ótica da organização administrativa brasileira.** *In* Regulação no Brasil uma visão multidisciplinar. SÉRGIO GUERRA (Org.). 1ª ed. Belo Horizonte: FGV Editora, 2014.

_______, Sérgio; e PALMA, Juliana. **Art. 26 da LINDB. Novo regime jurídico de negociação com a Administração Pública.** *In:* Rev. Direito Administrativo, Rio de Janeiro, Edição Especial: Direito Público na Lei de Introdução às Normas de Direito Brasileiro — LINDB, p. 135-169, nov. 2018.

GUIMARÃES, Fernando Vernalha. **PPP Parceria Público-Privada.** 2ª ed. Ed. Rio de Janeiro: Saraiva, 2013.

GUIMARÃES, Fernando Vernalha. **O Direito Administrativo do Medo: a crise da ineficiência pelo controle.** Direito do Estado, seção Colunistas, n. 71, 2016.

JORDÃO, Eduardo. **Art. 22 da LINDB — Acabou o romance: reforço do pragmatismo no direito público brasileiro.** *In:* Rev. Direito Administrativo, Rio de Janeiro, Edição Especial: Direito Público na Lei de Introdução às Normas de Direito Brasileiro — LINDB, nov. 2018. p. 63-92.

_______, Eduardo. **Controle judicial de uma administração pública complexa.** São Paulo: Malheiros, 2016.

_______, Eduardo. **O TCU e o risco da 'autoilealização'.** Jota. 06/11/2019. Disponível em: https://www.jota.info/opiniao-e-analise/colunas/controle-publico/o-tcu-e-o-risco-da-autoidealizacao-06112019. Acesso em 156/11/2019.

JUSTEN FILHO, Marçal. **Lei de Licitações comentada.** 14. ed. São Paulo: Dialética, 2010.

_______, Marçal. **Art. 20 da LINDB: Dever de transparência, concretude e proporcionalidade nas decisões públicas.** Rev. Direito Adm., Rio de Janeiro, Edição Especial: Direito Público na Lei de Introdução às Normas de Direito Brasileiro — LINDB (Lei nº 13.655/2018), p. 13-41, nov. 2018.

_______, Marçal. **A tecnologia realizará a promessa que o Direito Administrativo não cumpriu?** Jota, 26/11/2019. Disponível em: https://www.jota.info/opiniao-e-analise/colunas/publicistas/a-tecnologia-realizara-a-promessa-que-o-direito-administrativo-nao-cumpriu-26112019. Acesso em: 04/12/2019

KAGAN, Robert A. **Varieties of Bureaucratic Justice. Bulding on Mashaws's Typology.** *In*: Administrative Law from the Inside Out. Essays on Themes in the Work of Jerry L. Mashaw. Edited by Nicholas R. Parrillo. Cambridge: Cambridge University Press, 2017. p. 247 - 270.

KLEIN, Aline Lícia. **A possibilidade de contratualização do exercício do poder de polícia.** *In*: Tratado de Direito Administrativo: funções administrativas do estado. 2ed. ver., atual. E ampl. São Paulo: Thomson Reuters Brasil, 2019. V. 4.

KOKKE, Marcelo; PAULA, Frederico Rios. **Acordos substitutivos de multa ambiental: implicações da Lei n. 13.655/2018. Redefinindo os limites da transação no processo sancionador ambiental.** Disponível em: https://www.

jota.info/opiniao-e-analise/artigos/acordos-substitutivos-de-multa-ambiental--implicacoes-da-lei-n-13-655-2018-07072019. Acesso em: 02.10.2019.

KOMESAR, Neil K. **Imperfect Alternatives**: choosing institutions in law, economics, and public policy. Chicago & London: The University of Chicago Press. 1994.

KRELL, Andreas Joachim. **A Recepção das Teorias Alemãs sobre "Conceitos Jurídicos Indeterminados" e o Controle da Discricionariedade no Brasil"**. Interesse Público — IP. Editora Fórum. Belo Horizonte, ano 6, n. 23, jan. / fev. 2004.

_______, Andreas J. **Discricionariedade administrativa e conceitos legais indeterminados. Limites do controle judicial no âmbito dos interesses difusos.** Porto Alegre: Livraria do Advogado, 2ª ed, 2013.

LAUBADÈRE, André de. **Direito Público Econômico**. Coimbra: Almedina, 1985.

LAUDAN, Larry. **Truth, Error and Criminal Law: An Essay in Legal Epistemology**. Cambridge: Cambridge University Press, 2008.

LEAL, Fernando. **"A Constituição diz o que eu digo que ela diz": Formalismo inconsistente e textualismo oscilante no Direito Constitucional brasileiro.** Direitos Fundamentais & Justiça, v. 39, p. 99-143, 2018.

_______, Fernando. **Análise de impacto regulatório e proporcionalidade: semelhanças estruturais, mesmos problemas reais?**. In: Revista Brasileira de Políticas Públicas. Brasília, v. 9, n.3, 2019, p. 312–348.

_______, Fernando. **Argumentando com o sobreprincípio da dignidade da pessoa humana**. Arquivos de Direitos Humanos, v. 7. 2007.

_______, Fernando. **Consequeciachismo, principialismo e deferência: limpando o terreno. Dilema é, de fato, meramente aparente**. Jota. 01/10/2018. Disponível em: https://www.jota.info/paywall?redirect_to=//www.jota.info/stf/supra/consequenciachismo-principialismo-e-deferencia-limpando-o-terreno-01102018. Acesso em 10/01/2019.

_______, Fernando. **Inclinações Pragmáticas do Direito Administrativo: nova agenda, novos problemas. O caso do PL 349/15.** *In*: LEAL, Fernando; MENDONÇA, José Vicente Santos de (org). Transformações do Direito Administrativo: consequencialismo e estratégias regulatórias. Rio de Janeiro: Escola de Direito do Rio de Janeiro da Fundação Getúlio Vargas, 2016.

_______, Fernando. **Irracional ou hiper-racional? A ponderação de princípios entre o ceticismo e o otimismo ingênuo**. A&C. Revista de Direito Administrativo & Constitucional, v. 58, 2014b.

_______, Fernando. **Propostas para uma abordagem teórico-metodológica do dever constitucional de eficiência**. Revista Eletrônica de Direito Administrativo Econômico. Nº 15 — ago./set./out. 2008. Salvador. Disponível em: https://bibliotecadigital.fgv.br/dspace/bitstream/handle/10438/24278/Propostas_para_uma_abordagem_teorico-met.pdf . Acesso em: 02.10.2019.

_______, Fernando; DIAS, Daniela Gueiros. **Consequencialismo judicial na modulação de efeitos das decisões declaratórias de inconstitucionalidade nos julgamentos de direito tributário.** Revista Brasileira de Políticas Públicas. Vol. 7, nº 3, dez. 2017. Direito e Mundo Digital. p. 819-843.

LUHMANN, Niklas. **Legitimação pelo Procedimento**. Tradução: Maria da Conceição Côrte-Real. Brasília: Editora Universidade de Brasília, 1980.

_______, Niklas. **O direito da sociedade**. Tradução: Saulo Krieger. Tradução das citações em latim: Alexandre Agnolon. São Paulo: Martins Fontes — selo Martins, 2016.

_______, Niklas. **Sistema Juridico y Dogmatica Juridica**. Traduzido por Ignacio de Otto Pardo. Madrid: Centro de Estudios Constitucionales, 1983.

MARQUES NETO, Floriano de A. *Art. 23 da LINDB:* **O equilíbrio entre mudança e previsibilidade na hermenêutica jurídica**. *In*: Rev. Direito Administrativo, Rio de Janeiro, Edição Especial: Direito Público na Lei de Introdução às Normas de Direito Brasileiro — LINDB, p. 93-112, nov. 2018.

_______, Floriano Azevedo. **Aspectos Jurídicos do Exercício do Poder de Sanção por Órgão Regulador do Setor de Energia Elétrica**. RDA, 221/353-370.

_______, Floriano de Azevedo. **A Possibilidade de Restrição de Acesso a Bens Públicos de Uso Comum por Questões Ambientais e Urbanísticas**. Revista de Direito Administrativo. Rio de Janeiro, 235: 273-297, Jan./Mar. 2004.

_______, Floriano de Azevedo; FREITAS, Rafael Véras de. **Comentários à Lei nº 13.655/2018** (Lei da Segurança para a inovação Pública). Belo Horizonte: Fórum. 2019.

_______, Floriano de Azevedo; PALMA, Juliana Bornacorsi de. **Juridicidade e Controle dos Acordos Regulatórios: O Caso do TAC Anatel**. (no prelo).

_______, Floriano de Azevedo; PALMA, Juliana Bornacorsi de. **Os Sete Impasses do Controle da Administração Pública**. *In*: MARCOS AUGUSTO PEREZ e RODRIGO PAGANI DE SOUZA (coord.), Controle da Administração Pública. Belo Horizonte: Fórum, 2016

_______, Floriano Azevedo. **Poder de Sanção — Órgão Regulador — ANEEL. Parecer**. *In:* Rev. Direito Administrativo, Rio de Janeiro, v. 221 (2000) p. 353-370. Disponível em: http://bibliotecadigital.fgv.br/ojs/index.php/rda/article/view/47607/45131 Acesso em: 10/01/2019.

MACHADO SEGUNDO, Hugo de Brito. **MP do "contribuinte legal" reacende a discussão sobre a transação tributária**. Conjur. 30/10/2019. Disponível em: https://www.conjur.com.br/2019-out-30/consultor-tributario-mp-contribuinte-legal-reacende-debate-transacao-tributaria. Acesso em: 10/11/2019.

MARRARA, Thiago. **A "autorização fictícia" no direito administrativo**. Revista de Direito Administrativo. Volume 251 – maio/agosto 2009. FGV Direito Rio. p. 201-211

MASHAW, Jerry L. **Bureaucratic Justice: Managing Social Security Disability Claims**. New Heaven and London: Yale University Press. 1983.

_______, Jerry L. **Reasoned administration and Democratic Legitimacy: How Administrative Law Supports Democratic Government**. New York: Cambridge University Press, 2018.

_______, Jerry L. **Reinventando o Governo e a Reforma Regulatória: Estudos sobre a Desconsideração e o Abuso do Direito Administrativo**. *In:* Regulação Econômica e Democracia. O Debate Norte-Americano. Paulo Mattos (coord.) Mariana Mota Prado, Jean Paul Cabral Veiga da Rocha, Diogo R. Coutinho, organizadores. São Paulo: Ed. 34, 2004. p. 281 — 300.

MATTOS, Paulo Todescan Lessa. **O Novo Estado Regulador no Brasil. Eficiência e Legitimidade**. São Paulo: Revista dos Tribunais, 2ª edição (revista, atualizada e ampliada), 2017.

MAXIMILIANO, Carlos. **Hermenêutica e Aplicação do Direito**. 20ª ed. Rio de Janeiro: Forense, 2011.

MEDAUAR, Odete. **A processualidade no direito administrativo**. São Paulo: Editora Revista dos Tribunais, 1993.

_______, Odete. **O Direito Administrativo em Evolução**. 3ª ed. Brasília: Gazeta Jurídica, 2017.

MEIRELLES, Hely Lopes. **Direito Administrativo Brasileiro**. 30. Ed. São Paulo: Malheiros, 2005.

MELLO, Celso Antônio Bandeira de. **Curso de Direito Administrativo**. 17ª Ed.. São Paulo: Malheiros, 2004.

MENDES. Conrado Hübner. **Jurisprudência Impressionista. O consequenciachismo é um estado de espírito, um pensamento desejoso, a confusão entre o que é e o que se queria que fosse**. O Globo. 14/09/2018. Disponível em: https://epoca.globo.com/conrado-hubner-mendes/jurisprudencia-impressionista-23066592 Acesso em: 10/01/2019.

MENDES, Gilmar Ferreira. **A Proporcionalidade na Jurisprudência do Supremo.** Repertório IOB de Jurisprudência — 1ª quinzena de dezembro de 1994 — nº 23/94, p. 469. Disponível em: http://www.gilmarmendes.com.br/wp-content/uploads/2018/09/A-PROPORCIONALIDADE-NA-JURISPRUD%C3%8ANCIA-DO-SUPREMO-TRIBUNAL-FEDERAL.pdf. Acesso em: 15/10/2019

MENDONÇA, José Vicente Santos. **Art. 21 da LINDB. Indicando consequências e regularizando atos e negócios**. *In*: Rev. Direito Administrativo, Rio de Janeiro, Edição Especial: Direito Público na Lei de Introdução às Normas de Direito Brasileiro — LINDB, p. 43-61, nov. 2018.

_______, José Vicente Santos. **A verdadeira mudança de paradigmas do Direito Administrativo brasileiro: do estilo tradicional ao novo estilo**. Revista de Direito Administrativo, Belo Horizonte, ano 2014, n. 265, jan./abr. 2014.

_______, José Vicente de. **Direito Constitucional Econômico: A intervenção do estado na economia à luz da razão pública e do pragmatismo.** 2ª ed. Belo Horizonte: Fórum, 2018.

_______, José Vicente Santos. **Dois Furos (e Meio) para o Projeto de Lei do Carlos Ari.** *In:* LEAL, Fernando; MENDONÇA, José Vicente Santos de (org). Transformações do Direito Administrativo: consequencialismo e estratégias regulatórias. Rio de Janeiro: Escola de Direito do Rio de Janeiro da Fundação Getúlio Vargas, 2016.

MERKL, Adolf. **Teoria general del derecho administrativo.** [Tradução não identificada]. Granada: Ed. Comares, 2004.

MONTESQUIEU. **O Espírito das Leis** (Coleção Os Pensadores). Vol. XXI, trad. De Fernando Henrique Cardoso e Leôncio Martins Rodrigues. São Paulo: Editor Victor Civita.

MOREIRA, Egon B. **Súmula 473: é hora de dizer adeus: Ela cumpriu seu papel, mas hoje traz problemas.** Disponível em: https://www.jota.info/opiniao-e--analise/colunas/publicistas/sumula-473-e-hora-de-dizer-adeus-01102019. Acesso em: 23/11/2019.

MOREIRA NETO, Diogo Figueiredo. **Curso de Direito Administrativo.** 12ª. Ed. Rio de Janeiro: Forense, 2002.

_______, Diogo de Figueiredo. **Legitimidade e Discricionariedade - Novas Reflexões sobre os Limites e o Controle da Discricionariedade.** Rio de Janeiro: Forense, 2002.

_______, Diogo de Figueiredo. **Mutações do Direito Público.** Rio de Janeiro: Renovar. 2006.

_______, Diogo de Figueiredo. **Novos Institutos Consensuais na Administração Pública.** Revista de Direito Administrativo. v. 231 (2003).

MOTTA, Fabrício. *Prefácio. In:* FERRAZ, Luciano. **Controle e Consensualidade. Fundamentos para o controle consensual da Administração Pública** (TAG, TAC, SUSPAD, acordos de leniência, acordos substitutivos e instrumentos afins). Belo Horizonte: Fórum, 2019.

NIEBUHR, Karlin Olbertz. **O Alcance do Art. 26 da LINDB.** *In:* Lei de Introdução às Normas do Direito Brasileiro — Anotada. São Paulo: Quartier Latin. Vol. II. p. 345.

OLIVEIRA, Gustavo Justino de. **Contrato de Gestão.** São Paulo: Editora Revista dos Tribunais, 2008.

_______, Gustavo Justino; SCHWANKA, Cristiane. **A administração consensual como a nova face da administração pública no séc. XXI: fundamentos dogmáticos, formas de expressão e instrumentos de ação.** Revista da Faculdade de Direito da Universidade de São Paulo, v. 104, p. 303-322, jan./dez. 2009

PARGENDLER, Mariana. SALAMA, Bruno Meyerhof. **Direito e consequência no Brasil: em busca de um discurso sobre o método.** RDA. Revista de Direito Administrativo, Rio de Janeiro, v. 262, 2013.

PALMA, Juliana Bonacorsi de. **Atuação Administrativa Consensual. Estudos dos acordos substitutivos no processo administrativo sancionador.** Dissertação de mestrado apresentada ao Departamento de Direito do Estado da Faculdade de Direito da Universidade de São Paulo para obtenção do título de Mestre em Direito (versão simplificada).

_______, Juliana Bonacorsi de. **Acordos Substitutivos Dão Mais Eficácia ao Direito da Concorrência?** *In*: Direito da Regulação e Políticas Públicas. Carlos Ari Sundfeld e André Rosilho (organizadores). São Paulo: Malheiros, 2014. p. 186 — 239.

_______, Juliana Bonacorsi de. **Processo Administrativo Normativo na Regulação. A recente experiência Brasileira.** Revista de Direito Administrativo Contemporâneo. ReDAC. Ano 2 - 12 - setembro — 2014. Ed. Revista dos Tribunais.

_______, Juliana Bonacorsi de. A Proposta de Lei da Segurança Jurídica na Gestão e do Controle Público e as Pesquisas Acadêmicas. SBDP. p. 19. Disponível em: http://www.sbdp.org.br/wp/wp-content/uploads/2019/06/LINDB.pdf. Acesso em: 07.09.2020.

_______, Juliana Bonacorsi de. **Sanção e Acordo na Administração Pública**. São Paulo: Malheiros. 2015.

PERERA JÚNIOR, Jessé Torres. **Retrotopia e sistema brasileiro de contratações administrativas: em busca de um equilíbrio entre segurança jurídica e flexibilidade na gestão pública**. *In*: Política Pública e Controle. Um diálogo interdisciplinar em face da Lei nº 13.655/2018, que alterou a Lei de Introdução as Normas do Direito Brasileiro. Belo Horizonte: Fórum, 2018. p. 87-100.

POPPER, Andrew F. **An Administrative Law Perspective on Consensual Decisionmaking**. Administrative Law Review, Vol. 35, nº 3 (Summer 1983), American Bar Association.

POSNER, Richard. **Creating a Legal Framework for Economic Development.** Washington DC: World Bank. 1998.

_______, Richard A. **Economic Analysis of Law**. Aspen Publishers. Ninth Edition. 2014.

POSNER, Richard A. **Law, pragmatism and democracy**. Cambridge: Harvard university Press, second printing, 2003.

_______, Richard A. **Legal Pragmatism**. 71 University of Chicago Law Review 683 (2004).

POZZOLO, Susanna. **Um Constitucionalismo Ambíguo**. *In*: Neoconstitucionalismo(s). Madrid: Editora Trotta, 2003.

PROGREBINCHI, Thamy. **O que é pragmatismo jurídico?**. Puc-rio.

RESNICK, Michael D. **Choices: an introduction to decision theory**. Minneapolis: University of Minnesota Press, 2000

REVESZ, Richard L. **Foundations of Environmental Law and Policy**. LexisNexis. 1996.

RAGAZZO, Carlos Emmanuel Joppert; FRANCE, Guilherme de Jesus; e VIANNA, Mariana Tavares de Carvalho. **Regulação Consensual: a experiência das agências reguladoras de infraestrutura com termos de ajustamento de conduta**. Revista Estudos Institucionais. 2017.

RÍOS, Aníbal Sierralta. **Negociação e Teoria dos Jogos**. Tradução Ricardo Serrano Osorio. São Paulo: Editora Revista dos Tribunais, 2017. p. 44.

ROPPO, Enzo. **O contrato**. Coimbra: Almedina, 1988.

SCHIRATO, Vitor Rhein; PALMA, Juliana Bornacorsi de. **Consenso e legalidade: vinculação da atividade administrativa consensual ao direito**. Revista Brasileira de Direito Público — RBDP, Belo Horizonte, ano 7, n. 27, out./dez. 2009.

SCHUARTZ, Luis Fernando. **Consequencialismo jurídico, racionalidade decisória e malandragem**. Revista de Direito Administrativo 248 (2008). p. 130-158.

_______, Luis Fernando. **Interdisciplinaridade e Adjudicação: Caminhos e Descaminhos da Ciência do Direito**. FGV Direito Rio.

SILVA, Vasco Pereira da. **Em busca do acto administrativo perdido**. Coimbra: Almedina, 1998.

SILVA, Virgílio Afonso da. **O Proporcional e o Razoável.** Revista dos Tribunais. v.798 (2002): 23-50.

SOUZA, Luciane Moessa de. Comentário ao art. 32 da Lei nº 13.140/2015. *In*: **Lei de Mediação comentada artigo por artigo**: dedicado à memória da Prof.ª Ada Pellegrini Grinover/ Ada Pellegrini Grinover ... [et al.]; organizado por Trícia Navarro Xavier Cabral e Cesar Felipe Cury. Indaiatuba: Editora Foco, 2018.

SUNDFELD, Carlos Ari. **Princípio é preguiça**. In: Direito Administrativo Para Céticos. 2ª ed. São Paulo: Direito GV/ Malheiros, 2014.

_______, Carlos Ari; CÂMARA, Jacinto S. D. de Arruda. **Acordos Substitutivos nas Sanções Regulatórias**. Revista de Direito Público da Economia — RDPE, Vol. 9, 34, 2011.

_______, Carlos Ari. **Uma lei geral inovadora para o Direito Público. Entra na reta final o projeto para modernizar a Lei de Introdução às Normas do Direito Brasileiro**. Jota. 31/10/2017. Disponível em: https://www.jota.info/paywall?redirect_to=//www.jota.info/opiniao-e-analise/colunas/controle-publico/uma-lei-geral-inovadora-para-o-direito-publico-31102017. Acesso em: 15/10/2019.

SUNSTEIN, CASS R; JOLLS, Christine. **Debiasing Through Law**. The Journal of Legal Studies 35, p. 199-241, jan. 2006.

_______, Cass. **Must Formalism Be Defended Empirically?** Coase-Sandor Working Paper Series in Law and Economics, Working paper nº 70. Chicago: The University of Chicago Law School, 1999.

_______, Cass R. THALER, Richard H. **Nudge. Improving Decisions About Health, Wealth, and Happiness.** Penguin Books. 2009.

_______, Cass R. **On the psychology of punishment.** *In*: The Law and Economics of Irrational Behavior. Stanford, California: Stanford University Press, 2005.

SUROWIECKI, James. **The Wisdom of Crowds: why the many are smartes than the few and how collective wisdom shapes business, economies, societies, and nations**. Kindle (2005).

THALER, Richard H.; SUSTEIN, Cass R. **Libertariam Paternalism Is Not an Oxymoron**. University of Chicago Law Review. 2003.

ULEN, Thomas S. **The Efficiency of Specific Performance: Toward a Unified Theory of Contract Remedies**. Michigan Law Review, Vol. 83, nº 2. (Nov., 1984), p. 341-403.

VERMUELE, Adrian. **Judging under Uncertainty. An Institutional Theory of Legal Interpretation**. Massachusetts: Harvard University Press, 2006.

_______, Adrian. **Optimal abuse of power**. Harvard Public Law Working Paper no. 14-14. 2014.

VOGEL, Mary E. **Coercion to compromise: Plea Bargaining, the Courts and the Making of Political Authority**. New York: Oxford University Press, 2007.

VORONOFF, Alice; CYRINO, André; KOATZ, Rafael; DEFANTI, Francisco; KNEBEL, Luísa. **Improbidade Administrativa e consensualidade**: Não há razões para se impedir a adoção de soluções consensuais também em ações de improbidade administrativa. Jota. 08/11/2019. Disponível em https://www.jota.info/opiniao-e-analise/colunas/tribuna-da-advocacia-publica/improbidade--administrativa-e-consensualidade-08112019. Acesso em 23/11/2019.

WALTON, Douglas. **Historical Origins of Argumentum ad Consequentiam**. Winnipeg: University of Winnipeg. pp. 251-264. p. 252 e 258.